EL TROVADOR

Copyright © 2007 BiblioBazaar
All rights reserved
ISBN: 978-1-4346-5303-1

Antonio García Gutiérrez

EL TROVADOR

Drama en Cinco Jornadas en Verso

BIBLIOBAZAAR

EL TROVADOR

PERSONAJES

D.ª LEONOR DE SESÉ.
D.ª JIMENA.
AZUCENA, *gitana.*
D. MANRIQUE.
D. NUÑO DE ARTAL, *conde de Luna.*
D. GUILLÉN DE SESÉ.
D. LOPE DE URREA.
GUZMÁN   }
GIMENO.   } *Criados del conde de Luna.*
FERRANDO.   }
RUIZ, *criado de D. Manrique.*
ORTIZ, *criado de D. Guillén.*
UN SOLDADO.
SOLDADOS, SACERDOTES, RELIGIOSAS.

Aragón, siglo XV.

JORNADA I

Antecámara de la habitación de DOÑA LEONOR, en el palacio de la Aljafería. Puerta al fondo y ambos lados del Teatro.

Escena I

JIMENO, GUZMÁN, ORTIZ.
(Están sentados alrededor de una mesa y bebiendo.)

JIMENO Ninguno mejor que yo
puede contar esa historia.
Desde los tiempos del viejo
don Lope, que de Dios goza,
estoy sirviendo en la casa
¡ya veis si hay fecha!

ORTIZ Y no poca.

GUZMÁN Han corrido sobre el caso
noticias contradictorias.

ORTIZ Es lo que sucede.

GUZMÁN ¡Y luego
se abultan mucho las cosas!

JIMENO ¡Ahora bien! Sucedió el lance,
aunque la fecha no importa,
en mil trescientos noventa,
si no es infiel mi memoria.
El señor conde vivía

comúnmente en Zaragoza,
viudo entonces, con dos hijos
de su malograda esposa.
Don Nuño, el menor de entrambos,
y don Juan que está en la gloria,
y ya contaba dos años
con diferencia muy corta.
Una noche penetró
hasta la cámara propia
del mayor, una gitana
harapienta y quintañona.

GUZMÁN   Era bruja sin remedio.

JIMENO   Bien lo dijeron las obras.
Se sentó a su lado. Estuvo
mirándole, silenciosa,
largo rato, y la encontraron
extasiada en esta forma.
Nada malició don Lope:
la vieja pasó por loca,
y cuando echarla quisimos,
ella, ¡nada! se hizo sorda.

ORTIZ   A palos..

JIMENO   Ese fue el medio;
mas desde aquel punto y hora,
enfermó el niño. Le había
hechizado la bribona.

GUZMÁN   ¡Cáspita! ¿pues?

JIMENO   Le atacaron
convulsiones y congojas
tan grandes, que se nos iba
de entre las manos por horas.

ORTIZ   ¡Diantre!

JIMENO   Y nos contaba el aya
que en legiones numerosas

                    se desataban las brujas
                    por las noches en su alcoba,
                    y con algazara horrible,
                    sacudiéndole furiosas
                    contra la pared, jugaban
                    con el niño a la pelota.

ORTIZ   ¡Jesús! ¡Yo me hubiera muerto!

JIMENO   ¡Era pesada la broma!

GUZMÁN   ¿Y don Lope?

JIMENO   Hizo quemar
                    a la vieja encantadora.

GUZMÁN   ¡Cuánto me alegro! Y el chico
                    ¿sanó?

JIMENO   Sí; ¿pero qué importa?
                    No quisieron entenderme,
                    que si mi opinión se adopta,
                    no me queda una gitana
                    diez leguas a la redonda.
                    Y a Azucena, sobre todo.

GUZMÁN   ¿Su hija?

JIMENO   Sí; y era la moza
                    pintiparada a su madre,
                    como una gota a otra gota.

ORTIZ   Y en fin, dime con quién andas..

JIMENO   Pues en estas y en las otras,
                    el niño que estaba ya
                    redondo como una bola,
                    desapareció.

GUZMÁN   ¡Qué diantre!

JIMENO   Nuestra diligencia toda
                    fue inútil: sólo encontramos
                    un tizón de humana forma

en el sitio donde habían
ajusticiado a la loca.

ORTIZ ¡Le mataron!

JIMENO Y en la hoguera.

ORTIZ Y no la buscasteis..

JIMENO ¡Toma!
Pero en vano; y sin embargo,
como la viese yo ahora..

GUZMÁN ¿La conoceríais?

JIMENO Sin duda.

GUZMÁN ¡La venganza fue diabólica!
Mas yo apuesto a que la vieja
está pagando la costa
en el infierno.

JIMENO ¡Quién sabe!

GUZMÁN ¿Pues qué?..

JIMENO Mi opinión es otra.
¡Han sucedido después
ocurrencias misteriosas!..

ORTIZ ¡Contádmelo a mí!

JIMENO ¿Pues cómo?
¿La habéis visto?

ORTIZ Sí.

JIMENO ¿En persona?

ORTIZ Si no en la suya, a lo menos,
bajo mil distintas formas.
Noches atrás, convertida
en lechuza, entró a deshora
en mi aposento, mirándome
de una manera espantosa.

               Me apagó la luz, y yo
               me arrebujé con mis ropas
               ¡por no ver aquellos ojos
               que brillaban en la sombra!
               Púseme a rezar, y.. ¡nada!
               hasta que al fin pavorosa
               levantó el vuelo, azotando
               las paredes de la alcoba.
               Al sentir que me tocaba,
               di un grito, y ella furiosa
               lanzó un horrible graznido,
               y se escapó.. y hasta ahora.

GUZMÁN Bravas cosas me contáis;
            pero en cambio sabréis otras
            que son más frescas, si no
            tan raras y tan curiosas.

ORTIZ   ¿Sí?

GUZMÁN   Pero cuenta que nadie
            trasluzca que de mi boca
            ha salido..

JIMENO   ¿Pues?

GUZMÁN   Si el conde

            llega a saberlo, me ahorca.

JIMENO ¿El conde?

GUZMÁN   ¡Todo ello es nada!
            ¡nada! Travesuras propias
            de la juventud, que es siempre
            tan ardiente como loca.
            Ya sabes que está perdido (A ORTIZ.)
            de amores por tu señora.

ORTIZ   ¿No ha de estarlo?

JIMENO   Es muy discreta,
            y tan noble como hermosa.

GUZMÁN   Pero no lo sabéis todo.

¿Podréis creer que ella adora
a ese Trovador, que antaño
pasaba las noches todas
desvelando nuestro sueño
con su laúd y sus trovas?

ORTIZ   Y que aún viene.

JIMENO   Pues ¿no dicen
que la pretensión apoya
de ese conde que disputa
a nuestro rey la corona?

GUZMÁN   Pues sin embargo..

ORTIZ   ¡Atreverse
un hombre de tal estofa
a pretender a una dama
de estirpe tan generosa!

JIMENO   No negaréis, sin embargo,
que es muy galán, y que goza
fama de valiente.

ORTIZ   ¿Y eso?..

JIMENO   Para las mujeres, sobra.

GUZMÁN   ¿Pero quién es?.. ¡No se sabe!
¿Cuál es su cuna? Se ignora.
Es lo que el conde decía:
¿dónde está su ejecutoria?
Tal vez será algún hidalgo
pobretón, y aun se me antoja..

JIMENO   Al cuento.

GUZMÁN   Ya sabéis bien
la confianza que me otorga
el conde. Anoche, en su cámara,
estando con él a solas,

me dijo: «¡Escucha Guzmán!
Esa lealtad que te abona
me obliga a que te confíe
mis penas y mis zozobras.
Esta noche me acompañas
a una empresa peligrosa;
que hoy se cumple mi ventura,
o mis desdichas se colman.
Sígueme», añadió, y salimos
aprovechando las sombras,
y esperando sorprender
en su nido a la paloma.

JIMENO ¡Cómo! En palacio..

GUZMÁN (A ORTIZ.) ¡Cuidado!

que doña Leonor conozca..

ORTIZ Ya sabes que puede el conde
contar conmigo.

GUZMÁN En buena hora.
¡Pues al llegar al vedado
umbral, figuraos su cólera!
Del laúd del Trovador
oyó las pausadas notas.

JIMENO ¡Del Trovador! ¡Pues estaba
en el palacio a esas horas!

GUZMÁN Y en el jardín de su alteza.

JIMENO Locuras de gente moza.

GUZMÁN Allí estará, exclama el conde
con voz conmovida y ronca,
y a la escalera se lanza.
¡La noche era tenebrosa!
El cantor que, por lo visto,
a mi señor equivoca
con algún pobre escudero,

          el campo nos abandona.
          Doña Leonor llega entonces,
          y a la parte más remota
          del jardín lleva a don Nuño
          enamorada y gozosa.
          Pero bien pronto, al oír
          las atrevidas lisonjas
          del conde, su error comprende,
          y le rechaza y se enoja.
          En esto un hombre se llega
          con faz encendida y torva,
          y ambos en silencio cruzan
          de sus espadas las hojas.

JIMENO   Y ¿qué?

GUZMÁN   Desarmado el conde,
          perdió en una dos victorias.
          Cuando llegué, todo había
          volado como en tramoya.

JIMENO   No os parece una locura
          que así mi señor se exponga..

ORTIZ   En efecto.

JIMENO   ¡Y si la reina
          llega a saber estas cosas!..

ORTIZ   (Mirando adentro.)
          ¡Silencio! Pienso que está
          levantada mi señora.

GUZMÁN   ¡Temprano para quien vela!

JIMENO   Nadie dirá que trasnocha.

GUZMÁN   ¿No es aquél su hermano?

ORTIZ   Él es,
          ¡siempre con la cara fosca!

JIMENO   Hay tempestad.

ORTIZ　　　　　　Vámonos
antes que la nube rompa.

(Vanse por el fondo; un momento después, salen por la izquierda
DON GUILLÉN, LEONOR y JIMENA.)

Escena II

DON GUILLÉN, LEONOR, JIMENA.

GUILLÉN　Mil quejas tengo que daros
si oírme, hermana, queréis.

LEONOR　Hablar, don Guillén, podéis,

que pronta estoy a escucharos.
Si a hablar del conde venís
que será en vano os advierto,
y me enojaré por cierto
si en tal tema persistís.

GUILLÉN　Poco estimáis, Leonor,
el brillo de vuestra cuna
menospreciando al de Luna
por un simple Trovador.
¿Qué visteis, hermana, en él
para así tratarle impía?
¿No supera en bizarría
al más apuesto doncel?
A caballo en el torneo
¿no admirasteis su pujanza?
A los botes de su lanza..

LEONOR　Que cayó de un bote creo.

GUILLÉN　En fin mi palabra di
de que suya habéis de ser,
y cumplirla he menester.

LEONOR　¿Y vos disponéis de mí?

GUILLÉN　O soy o no vuestro hermano.

LEONOR   Nunca lo fuerais por Dios,
         que me dio mi madre en vos
         en vez de amigo un tirano.

GUILLÉN En fin, ya os dije mi intento:
         ved cómo se ha de cumplir.

LEONOR   No lo esperéis.

GUILLÉN   O vivir
         encerrada en un convento.

LEONOR   Lo del convento más bien.

GUILLÉN ¿Eso tu audacia responde?

LEONOR   Que nunca seré del conde..
         nunca; ¿lo oís, don Guillén?

GUILLÉN Yo haré que mi voluntad
         se cumpla aunque os pese a vos.

LEONOR   Idos, hermano, con Dios.

GUILLÉN ¡Leonor!.. a Dios os quedad.

Escena III

LEONOR, JIMENA.

LEONOR   ¿Lo oíste? ¡Negra fortuna!
         Ya ni esperanza ninguna,
         ningún consuelo me resta.

JIMENA   Mas ¿por qué por el de Luna
         tanto empeño manifiesta?

LEONOR   Esa soberbia ambición
         que le ciega y le devora
         es ¡triste! mi perdición.
         ¡Y quiere que al que me adora
         arroje del corazón!
         Yo al conde no puedo amar,
         le detesto con el alma;

| | él vino ¡ay Dios! a turbar
de mi corazón la calma
y mi dicha a emponzoñar.
¿Por qué perseguirme así? |
|----------|---|
| JIMENA | Desde anoche le aborrezco
más y más. |
| LEONOR | Yo que creí

que era Manrique.. ¡Ay de mí!
Todavía me estremezco.
Por él me aborrece ya. |
JIMENA	¿Don Manrique?
LEONOR	Sí, Jimena.
JIMENA	¿De vuestro amor dudará?
LEONOR	Celoso del conde está,
y sin culpa me condena. (Llora.)
JIMENA	¿Siempre llorando mi amiga?
No cesas..
LEONOR	Llorando, sí;
yo para llorar nací;
mi negra estrella enemiga,
mi suerte lo quiere así.
Despreciada, aborrecida
del que amante idolatré,
¿qué es ya para mí la vida?
Y él creyó que envilecida
vendiera a otro amor mi fe.
No, jamás.. la pompa, el oro,
guárdelos el conde allá;
ven, Trovador, y mi lloro
te dirá cómo te adoro,
y mi angustia te dirá.
Mírame aquí prosternada;
ven a calmar la inquietud..

de esta mujer desdichada:
tuyo es mi amor, mi virtud..
¿Me quieres más humillada?

JIMENA ¿Qué haces, Leonor?

LEONOR   Yo no sé..
alguien viene.

JIMENA   ¡Él es, por Dios!
¿Y dudabas de su fe?

LEONOR ¡Jimena!

JIMENA   Te estorbaré
solos os dejo a los dos.

Escena IV

LEONOR. MANRIQUE, rebozado.

LEONOR ¡Manrique! ¿eres tú?

MANRIQUE   Yo, sí..
No tembléis.

LEONOR   No tiemblo yo:
mas si alguno entrar te vio..

MANRIQUE   Nadie.

LEONOR   ¿Qué buscas aquí?
¿Qué buscas?.. ¡ah! Por piedad..

MANRIQUE   ¿Os pesa de mi venida?

LEONOR No, Manrique, por mi vida;
¿me buscas a mí, es verdad?
Sí, sí.. yo apenas pudiera
tanta ventura creer;
¿lo ves? Lloro de placer.

MANRIQUE   ¿Quién, perjura, te creyera?

LEONOR ¿Perjura?

MANRIQUE   Mil veces, sí..
            Mas no pienses que insensato
            a obligar a un pecho ingrato,
            a implorar vine aquí.
            No vengo lleno de amor
            cual un tiempo..

LEONOR   ¡Desdichada!

MANRIQUE   ¿Tembláis?

LEONOR   No, no tengo nada..
            pero temo tu rigor.
            ¿Quién dijo, Manrique, quién,
            que yo olvidarte pudiera
            infiel, y tu amor vendiera,
            tu amor, que es solo mi bien?
            ¿Mis lágrimas no bastaron
            a arrancar de tu razón
            esa funesta ilusión?

MANRIQUE   Harto tiempo me engañaron.

            Demasiado te creí
            mientras tierna me halagabas
            y, pérfida, me engañabas.
            ¡Qué necio, qué necio fui!
            Pero no, no impunemente
            gozarás de tu traición:
            yo partiré el corazón
            de ese rival insolente.
            ¡Tus lágrimas! ¿Yo creer
            pudiera, Leonor, en ellas
            cuando con tiernas querellas
            a otro halagabas ayer?
            ¿No te vi yo mismo, di?

LEONOR   Sí; pero juzgué engañada
            que eras tú; con voz pausada
            cantar una trova oí.
            Era tu voz, tu laúd,

era el canto seductor
de un amante Trovador
lleno de tierna inquietud.
Turbada perdí mi calma,
se estremeció el corazón,
y una celeste ilusión
me abrasó de amor el alma.
Me pareció que te vía
en la oscuridad profunda
que a la luna moribunda,
tu penacho descubría.
Me figuré verte allí
con melancólica frente
suspirando tristemente
tal vez, Manrique, por mí.
No me engañaba.. un temblor
me sobrecogió un instante..
Era sin duda mi amante,
era ¡ay Dios! mi Trovador.

MANRIQUE   Si fuera verdad, mi vida
y mil vidas que tuviera,
ángel hermoso, te diera.

LEONOR   ¿No te soy aborrecida?

MANRIQUE   ¿Tú, Leonor? Pues ¿por quién
así en Zaragoza entrara?
¿Por quién la muerte arrostrara
sino por ti, por mi bien?
¡Aborrecerte! ¿Quién pudo
aborrecerte, Leonor?

LEONOR   ¿No dudas ya de mi amor,
Manrique?

MANRIQUE   No; ya no dudo.
Ni así pudiera vivir:
¿me amas, es verdad? Yo creo,
porque creerte deseo
para amarte y existir.

     Porque me fuera la muerte
     más grata que tu desdén.

LEONOR ¡Trovador!

MANRIQUE   No más: ya es bien
     que parta.

LEONOR   ¿No vuelvo a verte?

MANRIQUE Hoy no, muy tarde será.

LEONOR ¿Tan pronto te marchas?

MANRIQUE   Hoy:
     ya se sabe que aquí estoy;
     buscándome están quizá.

LEONOR Sí, vete.

MANRIQUE   Muy pronto fiel
     me verás, Leonor, mi gloria,
     cuando el cielo dé victoria
     a las armas del de Urgel.
     Retírate.. viene alguno.

LEONOR ¡Es el conde!

MANRIQUE   Vete.

LEONOR   ¡Cielos!

MANRIQUE Mal os curasteis mis celos..
     ¿Qué busca aquí este importuno?

Escena V

MANRIQUE, DON NUÑO.

NUÑO ¿Qué hombre es éste?

MANRIQUE   Guárdeos Dios
     muchos años, el de Luna.

NUÑO (¡Pesia mi negra fortuna!)

MANRIQUE   Caballero, hablo con vos;
           si porque encubierto estoy..

NUÑO   Si decirme algo tenéis,
           descubrid..

MANRIQUE   ¿Me conocéis? (Descubriéndose.)

NUÑO   ¡Vos, Manrique!

MANRIQUE   El mismo soy.

NUÑO   Cuando a la ley sois infiel
           y cuando proscrito estáis,
           ¿así en palacio os entráis,
           partidario del de Urgel?

MANRIQUE   ¿Debo temer por ventura,
           conde, de vos?

NUÑO   Un traidor..

MANRIQUE   Nunca; vuestro mismo honor
           de vos mismo me asegura.
           Siempre fuisteis caballero.

NUÑO   ¿Qué buscáis, Manrique, aquí?

MANRIQUE   A vos, señor conde.

NUÑO   ¿A mí?
           Para qué saber espero.

MANRIQUE   ¿No lo adivináis?

NUÑO   Tal vez..

MANRIQUE   Siempre enemigos los dos
           hemos sido.

NUÑO   Sí, por Dios.

MANRIQUE   Pensáislo con madurez.

NUÑO   Pienso que atrevido y necio
           anduvisteis en retar

a quien débeos contestar
tan sólo con el desprecio.
¿Qué hay de común en los dos?
Habláis al conde de Luna,
hidalgo de pobre cuna.

MANRIQUE   Y bueno tal como vos.

En fin, ¿no admitís el duelo?

NUÑO   ¿Y lo pudisteis pensar?
¿Yo hasta vos he de bajar?

MANRIQUE   No me insultéis, vive el cielo,
que si la espada desnudo
la vil lengua os cortaré.

NUÑO   ¿A mí, villano? No sé (Sacando la espada.)
cómo en castigarte dudo.
Mas tú lo quieres.

MANRIQUE   Salgamos.

NUÑO   Sacad el infame acero.

MANRIQUE   Don Nuño, fuera os espero;
cuidad que en palacio estamos.

NUÑO   Cobarde, no escucho nada.

MANRIQUE   Ved, conde, que os engañáis..
Vos.. ¿Vos cobarde llamáis
al que es dueño de esta espada?

NUÑO   La mía.. Y lo sufro, no..

MANRIQUE   A recobrarla venid.

NUÑO   No, que no sois, advertid,
caballero como yo.

MANRIQUE   Tal vez os equivocáis.
Y habladme con más espacio
mientras estamos en palacio.
Os aguardo.

NUÑO ¿Dónde vais?

MANRIQUE Al campo, Don Nuño, voy

donde probaros espero
que si vos sois caballero..
caballero también soy.

NUÑO ¿Os atrevéis?..

MANRIQUE Sí, venid.

NUÑO Trovador, no me insultéis

si en algo el vivir tenéis.

MANRIQUE Don Nuño, pronto, salid.

FIN DE LA JORNADA PRIMERA

JORNADA II

En el fondo del teatro se verá la reja del locutorio de un convento: tres puertas, una al lado de la reja que comunica con el interior del claustro, otra a la derecha, que cae a la iglesia y otra a la izquierda que figura ser la entrada de la calle. Al levantarse el telón se verá a DON GUILLÉN a la puerta de la derecha, mirando hacia la iglesia.

Escena 1

DON GUILLÉN. Luego, DON NUÑO.

GUILLÉN Comprendo, sí, nada alcanza
su loco amor a extinguir,
¡y aquí viene a despedir
su ya inútil esperanza!
La herida que al pecho tiene
abierta, en ahondar se empeña.
¿Habrá entendido mi seña?
Tan ciego está.. Pero él viene.

NUÑO (Sale de la iglesia.)
¿Me llamabais, don Guillén?

GUILLÉN ¡Señor!..

NUÑO ¡Conmovido os veo!

GUILLÉN Os he buscado en la Seo
y en el palacio también.

NUÑO   Hoy quebranté mi costumbre.
         ¡Pero tenéis la color
         perdida!

GUILLÉN   Os traigo, señor,
         nuevas de gran pesadumbre.

NUÑO   ¡Su alteza!..

GUILLÉN   ¡Guárdele el cielo!
         De salud completa goza.

NUÑO   Pues ¿qué pasa?

GUILLÉN   En Zaragoza
         todos lloran sin consuelo.

NUÑO   ¡Cómo!

GUILLÉN   La traición impía
         que en yermo a Aragón convierte,
         dio al arzobispo la muerte.

NUÑO   ¡Qué decís! ¿a don García?

GUILLÉN Ahora se acaba de hallar
         su cadáver junto al muro,
         que de la noche en lo oscuro
         le debieron de matar.
         Murió como bueno y fiel.

NUÑO   Siempre lo fue don García.

GUILLÉN Porque osado combatía
         la pretensión del de Urgel.

NUÑO   ¡Infame y cobarde acción
         que he de vengar por quien soy!

GUILLÉN ¡Sí, sí!

NUÑO   Sabed que desde hoy
         soy justicia de Aragón,

y si mi poder alcanza
a los traidores, os juro
por mi honor, como el sol puro,
que han de sentir mi venganza.

GUILLÉN ¿Quién hay que seguro esté
de algún traidor homicida?

NUÑO Dígalo yo.

GUILLÉN Vuestra herida..

NUÑO Grave y peligrosa fue,
y mucho debo a mi suerte.

GUILLÉN Cierto.

NUÑO Por milagro existo,
que, ¡por Dios!, muy cerca he visto
el semblante de la muerte.

GUILLÉN La suerte, al fin, del traidor
os dio la venganza presto.

NUÑO Sí, mas ya que hablamos de esto;
¿qué me decís de Leonor?
¿Conmigo siempre irritada
está? ¿Por qué su hermosura
marchita en esa clausura
de la corte retirada?

GUILLÉN Señor..

NUÑO Desde que dejó
el servicio de su alteza,
de contemplar su belleza
dura también me privó.

GUILLÉN Ya no os lo puedo encubrir..

NUÑO Mas ¿por qué a la pasión mía
se muestra Leonor impía?

GUILLÉN	¡Conde! ¿Qué os puedo decir? En vano fue amenazar, y nada alcanzó mi ruego: esposa de Dios va luego a postrarse ante su altar. Los lazos de su amor, rotos mira, y al mundo renuncia, y en fin, hoy mismo pronuncia en ese templo sus votos.
NUÑO	¡Conque era cierto! ¡Insensible, a mi cariño prefiere un claustro! ¡Nada hay que espere! Mi ventura es ya imposible.
GUILLÉN	Bien lo veis.
NUÑO	En mi aflicción, largo tiempo esperé en vano ablandar aquel tirano indomable corazón. Ha despreciado mi fe y mi amor, y el sufrimiento con que llevé mi tormento y sus rigores lloré. Y hoy poniendo entre los dos de la religión el muro, contra mi amor, el seguro amparo busca de Dios.
GUILLÉN	¡Tal flaqueza apenas creo! De ese amor débil vasallo..
NUÑO	Siempre.
GUILLÉN	¡Por eso aquí os hallo cuando os buscaba en la Seo!
NUÑO	Ingrata..
GUILLÉN	Cuando el rumor llegó, don Nuño, a su oído,

>   de que había sucumbido
>   en Velilla el Trovador,
>   desesperada, llorosa..

NUÑO   ¿No habrá un medio, don Guillén?..

GUILLÉN Ninguno; ni ya está bien..

NUÑO   ¿Decís que aún no es religiosa?

GUILLÉN Pero lo será muy luego.

NUÑO   Iré yo a verla; ¡yo iré!
        Si es fuerza, la rogaré.

GUILLÉN Despreciará vuestro ruego.

NUÑO   ¿Tan en extremo enojada
        está?

GUILLÉN   ¿No sabéis, señor,
        que no hay tirano mayor
        que la mujer si es rogada?

NUÑO   Pues bien: la arrebataré
        a los pies del mismo altar.
        Si ella no me quiere amar..
        yo a amarme la obligaré.

GUILLÉN ¡Conde!

NUÑO   ¡Sí, sí! ¡Loco estoy!
        No os enojéis, no he querido
        ofender..

GUILLÉN   Noble he nacido,
        y noble, don Nuño, soy.

NUÑO   ¡Basta! Ya sé, don Guillén,
        que es ilustre vuestra cuna.

GUILLÉN Y jamás mancha ninguna
        la oscurecerá.

NUÑO   Está bien; (Con impaciencia.)
            dejadme.

GUILLÉN   ¿Quién más que yo
            este enlace estimaría?
            Mas si amengua mi hidalguía,
            no quiero tal dicha, no.

NUÑO   Decís bien. (Enojado.)

GUILLÉN   Si os ofendí..

NUÑO   No, dejadme; fuera están (Reprimiéndose.)
            mis criados; a Guzmán
            que entre, diréis.

GUILLÉN   Lo haré así.

(Vase por la izquierda.)

Escena II

DON NUÑO. Luego, GUZMÁN.

NUÑO   Gracias a Dios se fue ya,
            que, por cierto, me aburría.
            ¡Qué vano con su hidalguía
            el buen caballero está!
            Si no me quiere servir,
            será diligencia vana:
            o ha de ser mía su hermana
            o por ella he de morir.

GUZMÁN   (Sale por la izquierda.)
            ¿Me llamabais?

NUÑO   Ven aquí:
            acércate.

GUZMÁN   ¿Qué tenéis
            que mandarme?

| NUÑO | Habla más bajo.
Di, ¿te atreverás a hacer
lo que te diga? |
|---|---|
| GUZMÁN | Estoy pronto. |
| NUÑO | ¿A todo? Piénsalo bien. |
| GUZMÁN | Aunque me cueste la vida,
podéis de mí disponer. |
| NUÑO | Lo sé, Guzmán: siempre has sido
de mis gentes el más fiel. |
| GUZMÁN | Y lo seré mientras viva:
vuestro capricho es mi ley. |
| NUÑO | Ya conoces a la ingrata
doña Leonor de Sesé,
y sabes cuánto he sufrido
por su rigor y esquivez. |
| GUZMÁN | ¡Demasiado! |
| NUÑO | Y para siempre
voy mi esperanza a perder
si no me ayuda tu arrojo.
Para eso el llamarte fue.
Yo debí olvidarla; pero
mi corazón, y tal vez
mi orgullo, me impulsan hoy
a humillarla: esto ha de ser.
Cuando Manrique murió
en Velilla, imaginé
que resignada a su suerte,
o instable como mujer,
consintiera en aceptar
mi nombre y mi amor con él.
¡Inútilmente! La ingrata,
en su invencible desdén, |

                prefiere a mi amor, de un claustro
                la espantosa lobreguez.

GUZMÁN   Y ¿dónde?..

NUÑO   Hoy mismo aquí debe
                profesar.

GUZMÁN   ¡Hoy mismo! y ¿qué?..

NUÑO   Estorbarlo es necesario. (Con intención.)

GUZMÁN   Daros gusto es mi deber.

NUÑO   Nada te sucederá:

                yo te lo prometo. El rey
                me hace justicia mayor
                de Aragón; por tanto..

GUZMÁN   ¡Pues!

NUÑO   Contra ti no habrá justicia.

GUZMÁN   ¡Es claro! ¿Quién la ha de hacer?

NUÑO   Elige entre mis criados
                quien te acompañe.

GUZMÁN   ¿Queréis
                que hable a Ferrando?

NUÑO   Me agrada.
                Yo le recompensaré.

Escena III

Dichos, DON LOPE, que sale apresurado por la izquierda.

LOPE   Su alteza os manda a llamar,
                señor conde.

NUÑO   ¿Qué tenéis,
                don Lope? ¡Venís turbado!

LOPE ¿Turbado? Pudiera ser.
 Han venido corredores
 del campo..

NUÑO ¿Y qué dicen?

LOPE ¿Qué?
 ¡Malas nuevas! Ha sufrido
 nuestro ejército un revés.

NUÑO ¿Qué decís?

LOPE Y Castellar,
 según pude comprender,
 fue entrada a saco.

NUÑO ¡Imposible!

LOPE Y se asegura también
 que han venido a Zaragoza
 gentes del conde de Urgel.
 La ciudad está desierta,
 porque dicen que ha de haber
 rebelión para esta noche.

NUÑO (Aparte a GUZMÁN.)
 (Todo eso nos está bien.)

GUZMÁN (Voy..)

NUÑO (Lo mismo.)
 (Escucha: si encontrares
 resistencia, no te des
 por vencido: espada tienes.)

GUZMÁN (¿Pero aquí?..)

NUÑO (Yo soy tu juez.)

 (Vase GUZMÁN por la izquierda.)

Escena IV

Dichos, menos GUZMÁN.

LOPE
Pero lo más admirable
del caso aún no lo sabéis.
¿Quién pensáis que es el caudillo
de los contrarios?

NUÑO
　　No sé.

LOPE
Un muerto.

NUÑO
　　¡Don Lope!

LOPE
　　Justo.
Y ¿a que no acertáis quién es?

NUÑO
¿Yo?..

LOPE
　　　　Pues le habéis conocido,
y aun odiado.

NUÑO
　　¿Pero quién?..

LOPE
Ese Trovador.

NUÑO
　　¡Manrique!
¿No dicen que muerto fue
en Velilla?

LOPE
　　Sí, aunque nadie
le pudo allí conocer.

NUÑO
¿No era el mismo?

LOPE
　　　O lo que yo
he sospechado después..

NUÑO
¿Qué?

LOPE
　　Debe de andar en esto
la mano de Lucifer.

NUÑO
¡Don Lope! ¿Os queréis burlar?

LOPE Cada cual tiene su fe.

NUÑO ¿Y está en el castillo?

LOPE No,
sino aquí.

NUÑO No puedo creer..

LOPE Esta mañana le ha visto
quien le conoce muy bien.

NUÑO Y el caudillo de la trama
urdida, sin duda es él.

LOPE Es el más osado.

NUÑO Cierto;
mas puede su intrepidez
costarle cara; esta noche,
si viene lo hemos de ver.

(Vase por la izquierda.)

LOPE Pues si los soldados son
como el caudillo.. ¡Pardiez!
¡Una legión incorpórea!
¡Que todo pudiera ser!

(Vase detrás del CONDE, y queda el teatro por un instante solo. Después se dejan ver algunas religiosas en el locutorio: la puerta que está al lado de la reja se abre, y aparece LEONOR apoyada del brazo de JIMENA: las rodean algunos sacerdotes y religiosas.)

Escena V

LEONOR, JIMENA, SACERDOTES y RELIGIOSAS.

LEONOR ¡Jimena!

JIMENA Al fin abandonas
a tu amiga.

LEONOR Quiera el cielo
hacerte a ti más feliz,
tanto como yo deseo.

JIMENA ¿Por qué obstinarte?

LEONOR Es preciso:
ya no hay en el Universo
nada que me haga apreciar
esta vida que aborrezco.
Aquí de Dios en las aras
no veré, amiga, a lo menos
a esos tiranos impíos
que causa de mi mal fueron.

JIMENA Ni una esperanza.

LEONOR Ninguna:
él murió ya.

JIMENA Tal vez luego
se borrará de tu mente
ese recuerdo funesto.
El mal como la ventura,
todo pasa con el tiempo.

LEONOR Estoy resuelta; ya no hay
felicidad, ni la quiero,
en el mundo para mí;
sólo morir apetezco.
Acompáñame, Jimena

JIMENA Estás temblando.

LEONOR Sí, tiemblo
porque a ofender voy a Dios
con pérfido juramento.

JIMENA ¿Qué decís?

LEONOR ¡Ay! Todavía
delante de mí le tengo,
y Dios, y el altar y el mundo

olvido cuando le veo.
Y siempre viéndole estoy
amante, dichoso y tierno..
Mas no existe; es ilusión
que imagina mi deseo.
Vamos.

JIMENA ¡Leonor!

LEONOR Vamos pronto;
le olvidaré, lo prometo.
Dios me ayudará..; sosténme,
que apenas tenerme puedo.

Escena VI

Queda la escena un momento sola: salen por la izquierda DON MANRIQUE con el rostro cubierto con la celada, y RUIZ.

RUIZ Este es el convento.

MANRIQUE Sí,
Rüiz, pero nada veo.
¿Si te engañaron?

RUIZ No creo..

MANRIQUE ¿Estás cierto que era aquí?

RUIZ Señor, muy cierto.

MANRIQUE Sin duda
tomó ya el velo.

RUIZ Quizá.

MANRIQUE Ya esposa de Dios será,
ya el ara santa la escuda.

RUIZ Pero..

MANRIQUE Déjame, Rüiz;
ya para mí no hay consuelo.

¿Por qué me dio vida el cielo
si he de ser tan infeliz?

RUIZ
Mas ¿qué causa pudo haber
para que así consagrara
tanta hermosura en el ara?
Mucho debió padecer.

MANRIQUE
Nuevas falsas de mi muerte
en los campos de Velilla
corrieron cuando en Castilla
estaba yo.

RUIZ
De esa suerte..

MANRIQUE
Persiguiéronla inhumanos
que envidiaban nuestro amor,
y ella busca al Redentor
huyendo de sus tiranos.
Si supiera que aún existo
para adorarla.. No, no..
Ya olvidarte debo yo,
esposa de Jesucristo.

RUIZ
¿Qué hacéis? ¡Callad!..

MANRIQUE
Loco estoy..

Y ¿cómo no estarlo, ¡ay cielo!,
si infelice mi consuelo
pierdo y mis delicias hoy?
No los perderé: Rüiz,
déjame.

RUIZ
¿Qué vais a hacer?

MANRIQUE
Si yo la pudiera ver..
con esto fuera feliz.

RUIZ
Aquí el locutorio está.

MANRIQUE
Vete.

RUIZ
Fuera estoy.

Escena VII

MANRIQUE. Después, GUZMÁN, FERRANDO.

MANRIQUE ¿Qué haré?
Turbado estoy.. ¿Llamaré?
Tal vez orando estará.
Acaso en este momento
llora cuitada por mí:
nadie viene.. por aquí..
es la iglesia del convento.

FERRANDO Tarde llegamos, Guzmán.

GUZMÁN ¿Quién es ese hombre?

FERRANDO No sé.

(Las religiosas cantarán dentro un responso: el canto no cesará hasta un momento después de concluida la jornada.)

GUZMÁN ¿Oyes el canto?

FERRANDO Sí a fe.

GUZMÁN En la ceremonia están.

MANRIQUE Qué escucho.. ¡Cielos! Es ella..

(Mirando a la puerta de la iglesia.)
Allí está bañada en llanto,
junto al altar sacrosanto,
y con su dolor más bella.

GUZMÁN ¿No es ésa la Iglesia?

FERRANDO Vamos.

MANRIQUE Ya se acercan hacia aquí.

FERRANDO Espérate.

GUZMÁN ¡Vienen!

FERRANDO Sí.

MANRIQUE   No, que no me encuentre.. huyamos.

(Quiere huir, pero deteniéndose de pronto se apoya vacilando en la reja del locutorio. LEONOR, JIMENA y el séquito salen de la iglesia y se dirigen a la puerta del claustro; pero al pasar al lado de MANRIQUE éste alza la visera, y LEONOR reconociéndole cae desmayada a sus pies. Las religiosas aparecen en el locutorio llevando velas encendidas.)

GUZMÁN   Esta es la ocasión.. Valor.

LEONOR   ¿Quién es aquél? Mi deseo (A JIMENA.) me engaña.. ¡Sí, es él!

JIMENA   ¡Qué veo!

LEONOR   ¡Ah! ¡Manrique!..

GUZMÁN y FERRANDO   ¡El Trovador!

(Huyen.)

FIN DE LA JORNADA II

JORNADA III

Interior de una cabaña: AZUCENA estará sentada cerca de una hoguera; MANRIQUE a su lado de pie.

Escena I

MANRIQUE, AZUCENA.

AZUCENA (Canta.)
>Bramando está el pueblo indómito
>de la hoguera en derredor;
>al ver ya cerca la víctima
>gritos lanza de furor.
>Allí viene; el rostro pálido,
>sus miradas de terror,
>brillan de la llama trémula
>al siniestro resplandor.

MANRIQUE ¡Qué triste es esa canción!

AZUCENA Tú no sabes esta historia
>que está, a par que en mi memoria,
>guardada en mi corazón.

MANRIQUE ¿Por qué?

AZUCENA Jamás te he contado
>este doloroso y triste
>suceso: ¡nunca! ¡Te fuiste
>tan pequeño de mi lado!

MANRIQUE   Don Diego de Haro me dio
su amparo, y por él medraba.

AZUCENA Es verdad; mas no te amaba
tanto como te amo yo.

MANRIQUE   ¡Perdonad! Mi pobre cuna
esta ambición deslucía,
y yo vengar pretendía
agravios de la fortuna.
Haceros feliz, ha sido
mi esperanza.

AZUCENA   Sí, te creo.

MANRIQUE   Pero en vano es mi deseo:
vos nunca lo habéis querido.

AZUCENA ¡Feliz! Pobre lo seré
mejor que dueño de un trono.
Yo, Manrique, no ambiciono
riquezas. ¿Y para qué?
Me basta mi libertad,
y las montañas que fueron
mi cuna, y donde vivieron
tus padres siempre.

MANRIQUE   ¡Es verdad!
¡Siempre! ¡Triste condición
a los míos ha tocado!

AZUCENA Tú nunca me has preguntado
por ellos.

MANRIQUE   Tenéis razón.
De un temor, bajo el imperio,
que dominar no he podido,
madre, jamás me he atrevido
a aclarar ese misterio.

AZUCENA ¡Sí, Manrique! ¡Es un arcano
horrible! ¡Aquí de esa historia

                vive eterna la memoria!
                Quiero olvidarla, y en vano..

MANRIQUE   ¿Por qué os quisisteis fijar
                en este sitio?

AZUCENA   ¿Por qué?
                Porque aquí mismo, aquí fue
                en donde la vi expirar.

MANRIQUE   ¿Quién, madre mía?

AZUCENA   ¡Sí! ¡Es cierto!
                Tú no sabes este amargo
                suceso, ¡no! y sin embargo..
                ¡Era mi madre! ¡Aquí ha muerto!

MANRIQUE   ¡Vuestra madre!

AZUCENA   Era inocente;
                mas se dijo entonces que era
                encantadora, hechicera..

MANRIQUE   ¡Infames!

AZUCENA   ¡Y a una demente!
                Sí, hijo, estaba loca; pero
                el vulgo desatentado
                la acusó de haber ahogado
                al hijo de un caballero.

MANRIQUE   ¿Y qué?

AZUCENA   No hubo compasión
                para ella, y fue condenada
                a morir.. a ser quemada,
                sin más causa ni razón.

MANRIQUE   Y se atrevieron tal vez..

AZUCENA ¡Aquí! Donde está esa hoguera,
                sin que ninguno tuviera
                lástima de su vejez.
                Yo, Manrique, la seguía

llorando como quien llora
a una madre a quien adora;
¡porque adoraba en la mía!
Unido contra mi seno
llevaba yo a mi hijo.. a ti.
Volvió mi madre hacia mí
el rostro grave y sereno,
y me miró, y me bendijo;
y ya del suplicio al lado,
con acento desgarrado;
¡véngame! ¡véngame!, dijo.
¡Oh, no puedo recordar
aquella palabra, en calma!
Se grabó en mi pecho, en mi alma,
y no la puedo olvidar.
Ofrecí en aquel momento
vengarla de una manera
horrible, espantosa, fiera..
¡Y cumplí mi juramento!

MANRIQUE Sí, ¿la vengasteis? ¡Hablad!
¡Para una acción tan malvada
mil crímenes eran nada!
¿La vengasteis, es verdad?

AZUCENA Bien pronto, tuve ocasión
de lograrlo. Yo no hacía
sino acechar noche y día
de aquel noble la mansión.
Descuidáronse: entré en ella;
al niño en brazos cogí,
y aunque salieron tras mí,
les hice perder mi huella.
Aquí vine, por mi ardor
y mi venganza, impulsada.
La hoguera ya preparada..

MANRIQUE ¡Cómo! ¿Tuvisteis valor?

AZUCENA ¡El inocente lloraba!
 Tal vez implorar quería
 mi compasión, y gemía,
 y mi rostro acariciaba.
 ¿Quién no se doliera, quién
 de aquel acerbo dolor?
 ¡Temblé! ¡Me faltó el valor!..
 ¿No era yo madre también?

MANRIQUE ¿Pero en fin?

AZUCENA Yo, sin embargo,
 no me olvidaba un momento
 de mi madre. Aquel lamento
 desgarrador cuanto amargo;
 aquel espantoso grito;
 que cual postrera esperanza
 me encomendó una venganza
 empujándome a un delito,
 una y otra vez hería
 mi corazón con espanto,
 mientras que del niño el llanto
 me helaba o me enternecía.
 ¡Oh! Bien pronto se agotó
 mi esfuerzo en aquel martirio,
 ¡y un espantoso delirio
 de repente me asaltó!
 ¡Entonces, como en un sueño,
 allá, delante de mí
 pasar a mi madre vi,
 triste la faz, torvo el ceño!
 Y vi en torno del suplicio
 sayones que discurrían
 armados, y se reían
 del infando sacrificio.
 Sonó un grito, «¡Véngame!»
 que cual doloroso ruego
 salió expirante del fuego,
 y dije: «¡Te vengaré!»

           ¡Óyeme! ¡Desesperada,
           a todas partes tendí
           mi vista, y al niño así
           entre mis manos, airada!
           Con ánimo ya resuelto,
           pero ciega y delirante,
           le vi rodar un instante
           entre las llamas envuelto.
           A sus gritos, desperté
           de mi ciego desvarío.
           ¡Ay! ¡Aquel niño era el mío!

MANRIQUE   ¡Dios santo!

AZUCENA   ¿Qué he dicho, qué?

MANRIQUE   ¡No sois mi madre!

AZUCENA   ¡Insensato!
            ¿Ves cómo en vano se esconde
            tu presunción? El del conde
            era el niño.

MANRIQUE   ¡Oh Dios!

AZUCENA   ¡Ingrato!
            ¿No quieres tú que yo sea
            tu madre?

MANRIQUE   ¡Pregunta extraña!

AZUCENA Al menos, mi amor engaña
         de modo que yo te crea.

MANRIQUE   No; si otro nombre codicio
            con esperanzas que halago;
            si ya a mi pesar no os hago
            de mi orgullo el sacrificio,
            ¡todo este anhelo de gloria
            en que abrasado me siento,
            no hará que os borre un momento,
            ¡oh madre!, de mi memoria!

Es cierto que alguna vez
he acusado a la fortuna
que puso desde mi cuna
rémoras a mi altivez.
Muchas veces digo yo:
si, como mi afán desea,
fuese un Lanuza, un Urrea..

AZUCENA Un Artal.. (Mirándolo con atención.)

MANRIQUE   ¡Un Artal no!
Si ese nombre fuera el mío,
le negaba.

AZUCENA   ¿Por qué es eso?

MANRIQUE ¡Antes hijo de un confeso,
de un esclavo, de un judío!
¡Decís bien! ¡Condición necia
del hombre! ¡Vana inquietud
del que busca la virtud
en lo mismo que desprecia!
¡No sufriré que esa ley
injusta, en mi orgullo mande!
¡No! ¡Mi corazón es grande
como el corazón de un rey!
Tengo mi brazo y mi espada.

AZUCENA ¡Cierto! ¡Qué ambicionas más!

MANRIQUE   (¡Aún no viene!) (Mirando al fondo.)

AZUCENA   Pero estás
inquieto. ¿Qué sientes?

MANRIQUE   Nada.

AZUCENA ¡Algún pesar te devora!
¿Te pesa de haber nacido,
tan pobre, tan desvalido?..

MANRIQUE   ¿Pesarme? ¡No, no señora!

AZUCENA No temas: yo no diré
         que soy tu madre. ¿No estoy
         cierta yo de que lo soy?
         Pues bien: me contentaré.
         Pero al menos..

Escena II

Dichos, RUIZ al fondo.

MANRIQUE   (¡Ahí está!)

AZUCENA ¿Esperas a ese hombre?

MANRIQUE   Sí,
        ¡madre! Que no os halle aquí.

AZUCENA No temas: no me verá. (Se aparta a un lado.)

MANRIQUE   ¿Qué hay, pues? (Dirigiéndose a RUIZ.)

RUIZ   Que llegó el momento.

MANRIQUE   ¡Noche de luto o de gloria!
        ¡Alcance yo esta victoria
        o exhale el postrer aliento!

(Vanse los dos.)

Escena III

AZUCENA. Luego DON NUÑO, DON GUILLÉN, DON LOPE, JIMENO y SOLDADOS.

AZUCENA ¡Ingrato! ¡Ingrato! ¡Partió
        sin decirme una palabra
        de cariño! ¡Sin volver
        a su madre una mirada!
        ¡Su madre! ¡Oh Dios! ¡Que no sepa
        jamás de esa historia infausta
        la horrible verdad! ¡Que ignore
        el brillo de su prosapia!

Si le dijera: «¡Tú no eres
hijo mío; de más alta
familia tienes origen!»..
¡Qué hiciera! ¡Me despreciara!
Verme en la fría vejez
sola, triste, abandonada..
¡Oh! ¡no! ¡Que nunca lo sepa!
Ésta es mi sola venganza.
¿Y para qué le salvé
la vida?

    (Aparecen al fondo soldados con hachas de viento encendidas.)

NUÑO   (Dentro.)
                  ¡Que nadie salga
de aquí!

AZUCENA   ¡Cielos! ¡Viene gente!
¡Soldados! ¡Ay! ¿Quién me ampara?

    (Corre a esconderse por la derecha.)

GUILLÉN   Nadie hay aquí.

NUÑO   ¿Nos habrán
burlado?

GUILLÉN   Tal vez se amparan
de ese bosque en la espesura;
mas no es posible que salgan.

NUÑO   La impaciencia me consume,
¡don Guillén! ¡Oh! ¡Si lograra
dar esta noche a mis celos
y a mis agravios venganza!

GUILLÉN   Pero es cierto que aún existe..

NUÑO   Verdad es por mi desgracia.
Ferrando y Guzmán le vieron

hoy mismo, y él de esta trama
es el caudillo.

GUILLÉN   Imposible
parece tan loca audacia.

NUÑO   Ya lo veréis; mas si logro
que hoy entre mis manos caiga..

(Se oye dentro rumor y algazara.)

GUILLÉN ¿Qué ruido es ese?

Escena IV

Dichos. GUZMÁN

GUZMÁN   ¿Señor?

NUÑO   ¿Quién motiva esa algazara?
¿Qué traéis?

GUZMÁN   Vuestros soldados
que por el bosque rondaban,
han preso a una bruja.

NUÑO   ¿Qué?

GUZMÁN Sí, señor, a una gitana.

NUÑO   ¿Por qué motivo?

GUZMÁN   Sospechan,
al ver que de huir trataba
cuando la vieron, que venga
a espiar.

NUÑO   ¿Y por qué arman
ese alboroto? ¿Qué es eso? (Mirando adentro.)

GUILLÉN ¿No veis cómo la maltratan?

NUÑO   Traédmela, y que ninguno
sea atrevido a tocarla.

Escena V

Dichos. AZUCENA (Conducida por soldados y con las manos atadas.)

AZUCENA Defendedme de esos hombres
 que sin compasión me matan..
 Defendedme.

NUÑO Nada temas:
 nadie te ofende.

AZUCENA ¿Qué causa
 he dado para que así
 me maltraten?

GUILLÉN ¡Desgraciada!

NUÑO ¿Adónde ibas?

AZUCENA No sé..
 por el mundo una gitana
 por todas partes camina,
 y todo el mundo es su casa.

NUÑO ¿Vienes de Castilla?

AZUCENA No:
 vengo, señor, de Vizcaya,
 que la luz primera vi
 en sus áridas montañas.
 Por largo tiempo he vivido
 en sus crestas elevadas,
 donde pobre y miserable
 por dichosa me juzgaba.
 Un hijo solo tenía,
 y me dejó abandonada:
 vine a Aragón a buscarle,
 que no tengo otra esperanza.
 ¡Y le quiero tanto! Él es
 el consuelo de mi alma,

señor, y el único apoyo
de mi vejez desdichada.

GUZMÁN   Me hace sospechar, don Nuño.

NUÑO   Teme, mujer, si me engañas.

AZUCENA   ¿Queréis que os lo jure?

NUÑO   No:
mas ten cuenta que te habla
el conde de Luna.

AZUCENA   (Sobresaltada.)
¡Vos!
¡Sois vos! (¡Gran Dios!)

JIMENO   ¡Esa cara!
Esa turbación..

AZUCENA   Dejadme
permitidme que me vaya..

JIMENO   ¿Irte?.. Don Nuño, prendedla.

AZUCENA   Por piedad no.. ¡Qué! ¿No bastan
los golpes de esos impíos,
que de dolor me traspasan?

NUÑO   Que la suelten.

JIMENO   No, don Nuño

NUÑO   Está loca.

JIMENO   Esa gitana
es la misma que a don Juan
vuestro hermano..

NUÑO   ¡Qué oigo!

AZUCENA   ¡Calla!
No se lo digas cruel
que si lo sabe me mata.

NUÑO   Atadla bien.

AZUCENA   Por favor,
           que esas cuerdas me quebrantan
           las manos.. Manrique, hijo,
           ven a librarme..

GUILLÉN   ¿Qué habla?

AZUCENA Ven, que llevan a morir
         a tu madre.

NUÑO   ¡Tú inhumana,
           tú fuiste!

AZUCENA   No me hagáis mal,
           os lo pido arrodillada..
           Tened compasión de mí.

NUÑO   Llevadla de aquí.. Apartadla
           de mi vista.

AZUCENA   No fui yo;
           ved, don Nuño, que os engañan.

Escena VI

(Los mismos, menos AZUCENA, que se va conducida por algunos soldados.)

NUÑO   Don Lope, a la Aljafería
           en el momento llevadla.
           Vos de ella me respondéis
           con vuestra cabeza.

LOPE   ¡Basta!
           Cumpliré con mi deber.

(Vase.)

NUÑO   ¡Oh! ¡Logré más que esperaba!
           ¿No lo oísteis, don Guillén?
           ¡Es hijo de esa gitana!

GUILLÉN	Volvamos a Zaragoza, señor. Si acaso intentaran en nuestra ausencia..
NUÑO	Eso quiero. Midamos al fin las armas.
GUILLÉN	¡Don Nuño!..
NUÑO	Sucumbirán; pero aunque vencer lograran, no lograrán arrancarme de las manos mi venganza.

(Vanse.)

MUTACIÓN

El teatro representa el jardín o huerto del convento de las monjas de Belén. En el fondo una tapia, y en medio de ella una gran puerta. Al levantarse el telón, se verá a RUIZ acabando de forzar la puerta, y un soldado subido sobre la tapia.

Escena VII

RUIZ. Un SOLDADO.

RUIZ	Ten cuidado..
SOLDADO	Estoy alerta. ¿Abriste ya?
RUIZ	Poco falta. Este pestillo.. ¡Ya salta! (Abre la puerta.)
SOLDADO	¡Al fin! ¡Maldecida puerta!
RUIZ	¿No habrá llegado el rumor a las madres?
SOLDADO	Será extraño. ¿Quién viene?

(Se baja por el lado afuera de la tapia.)

RUIZ   Si no me engaño..
              Sí, no hay duda: es mi señor.

Escena VIII

Dichos. MANRIQUE.

MANRIQUE   ¡Ruiz!

RUIZ   ¿Qué mandáis?

MANRIQUE   Junto al muro
              toda mi gente apostada
              tengo: allánale la entrada.

RUIZ   Entrará: yo os lo aseguro.

MANRIQUE   Ya se sabe nuestro intento.

RUIZ   ¿Es posible?

MANRIQUE   ¡No te asombres!
              ¿Tienes aquí muchos hombres?

RUIZ   Apenas llegan a ciento.

MANRIQUE   Ayudando los de fuera
              bastarán para forzar
              la puerta; ve sin tardar,
              y ayude Dios a quien quiera.

RUIZ   Voy.

              (Vase cerrando la puerta del fondo.)

MANRIQUE   ¡Pavorosa mansión,
              en cuyo espacio se encierra
              cuanto hoy existe en la tierra
              querido a mi corazón!
              ¡Perdóname, si con tanta
              ceguedad, luchando voy,
              y osado, tu suelo estoy

profanando con mi planta!
¡Me oyes! ¡Yo he venido aquí
a salvarte, Leonor mía!
¿No perderá mi osadía
la dicha que busco en ti?
¿Rechazarás con horror
esta pasión invencible
que me arrastra? ¡No! ¡Imposible!..
¡O no fueras tú Leonor!
¡Oh! Si debiera a mi estrella
tal ventura.. ¡Alguno viene
aquí! Ocultarme conviene
hasta averiguar si es ella.

(Se interna en el jardín: LEONOR sale un momento
después por el lado opuesto.)

Escena IX

LEONOR   Ya el sacrificio que odié
mi labio trémulo y frío
consumó; perdón, Dios mío,
perdona si te ultrajé.
Llorar triste y suspirar
sólo puedo: ¡ay! Señor, no..
Tuya no debo ser yo,
recházame de tu altar.
Los votos que allí te hiciera
fueron votos de dolor
arrancados al temor
de un alma tierna y sincera.
Cuando en el ara fatal
eterna fe te juraba,
mi mente, ¡ay Dios!, se extasiaba
en la imagen de un mortal.
Imagen que vive en mí
hermosa, pura y constante..

No, tu poder no es bastante
a separarla de aquí.
Perdona, Dios de bondad,
perdona, sé que te ofendo:
vibra tu rayo tremendo
y confunde mi impiedad.
Mas no puedo en mi inquietud
arrancar del corazón
esta violenta pasión
que es mayor que mi virtud.
Tiempos en que amor solía
colmar piadoso mi afán,
¿qué os hicisteis? ¿Dónde están
vuestra gloria y mi alegría?
De amor el suspiro tierno
y aquel placer sin igual,
tan breve para mi mal
aunque en mi memoria eterno.
Ya pasó.. mi juventud
los tiranos marchitaron,
y a mi vida prepararon
junto al ara el ataúd.
¡Ilusiones engañosas,
livianas como el placer,
no aumentéis mi padecer..,
sois por mi mal tan hermosas!

(Aparece MANRIQUE, y al verle, después de un momento de dudar, se arroja LEONOR en sus brazos.)

LEONOR Sueños; dejadme gozar..
No hay duda.. Él es.. Trovador..
Será posible.. (Viendo entrar a MANRIQUE.)

MANRIQUE ¡Leonor!

LEONOR ¡Gran Dios! Ya puedo espirar.

Escena X

MANRIQUE, LEONOR.

MANRIQUE Te encuentro al fin, Leonor.

LEONOR Huye: ¿qué has hecho?

MANRIQUE Vengo a salvarte; a quebrantar osado
los grillos que te oprimen, a estrecharte
en mi seno, de amor enajenado.
¿Es verdad, Leonor? Dime si es cierto
que te estrecho en mis brazos, que respiras
para colmar, hermosa, mi esperanza,
y que extasiada de placer me miras.

LEONOR ¿Manrique?

MANRIQUE Sí, tu amante que te adora
más que nunca feliz.

LEONOR ¡Calla..!

MANRIQUE No temas;
todo en silencio está como el sepulcro.

LEONOR ¡Ay! Ojalá que en él feliz durmiera
antes que delincuente profanara,
torpe esposa de Dios, su santo velo.

MANRIQUE ¡Su esposa tú!.. Jamás.

LEONOR Yo, desdichada,
yo no ofendiera con mi llanto al cielo.

MANRIQUE No, Leonor, tus votos indiscretos
no complacen a Dios; ellos le ultrajan.
¿Por qué temes? Huyamos; nadie puede
separarme de ti.. ¿Tiemblas?.. ¿Vacilas?..

LEONOR ¡Sí, Manrique!.. ¡Manrique!.. Ya no puede
ser tuya esta infeliz; nunca.. Mi vida,
aunque llena de horror y de amargura,
ya consagrada está, y eternamente,

en las aras de un Dios omnipotente.
Peligroso mortal, no más te goces
envenenando ufano mi existencia;
demasiado sufrí, déjame al menos
que triste muera aquí con mi inocencia.

MANRIQUE ¡Esto aguardaba yo! Cuando creía
que más que nunca enamorada y tierna
me esperabas ansiosa, ¡así te encuentro
sorda a mi ruego, a mis halagos fría!
Y ¿tiemblas, di, de abandonar las aras
donde tu puro afecto y tu hermosura
sacrificaste a Dios?.. ¡Pues qué!.. ¿No fueras
antes conmigo que con Dios perjura?
Si, en una noche..

LEONOR ¡Por piedad!

MANRIQUE ¿Te acuerdas?

En una noche plácida y tranquila..
Qué recuerdo, Leonor; nunca se aparta
de aquí, del corazón: la luna hería
con moribunda luz tu frente hermosa,
y de la noche el aura silenciosa
nuestros suspiros tiernos confundía.
«Nadie cual yo te amó», mil y mil veces
me dijiste falaz: «Nadie en el mundo
como yo puede amar»; y yo insensato
fiaba en tu promesa seductora,
y feliz y extasiado en tu hermosura
con mi esperanza allí me halló la aurora.
¡Quimérica esperanza! ¡Quién diría
que la que tanto amor así juraba,
juramento y amor olvidaría!

LEONOR Ten de mí compasión: si, por ti tiemblo,
por ti y por mi virtud, ¿no es harto triunfo?
Sí, yo te adoro aún; aquí en mi pecho
como un raudal de abrasadora llama
que mi vida consume, eternos viven

tus recuerdos de amor; aquí, y por siempre,
por siempre aquí estarán, que en vano quiero
bañada en lloro, ante el altar postrada,
mi pasión criminal lanzar del pecho.
No encones más mi endurecida llaga;
si aún amas a Leonor, huye te ruego,
libértame de ti.

MANRIQUE ¡Que huya me dices!..
¡Yo, que sé que me amas!..

LEONOR No, no creas..
No puedo amarte yo.. Si te lo he dicho,
si perjuro mi labio te engañaba,
¿lo pudiste creer?.. Yo lo decía,
pero mi corazón.. Te idolatraba.

MANRIQUE ¡Encanto celestial! Tanta ventura
puedo apenas creer.

LEONOR ¿Me compadeces?..

MANRIQUE Ese llanto, Leonor, no me lo ocultes;
deja que ansioso en mi delirio goce
un momento de amor: injusto he sido,
injusto para ti.. Vuelve tus ojos,
y mírame risueña y sin enojos.
¿Es verdad que en el mundo no hay delicia
para ti sin mi amor?

LEONOR ¿Lo dudas?

MANRIQUE Vamos..,
pronto huyamos de aquí.

LEONOR ¡Si ver pudieses
la lucha horrenda que mi pecho abriga!
¿Qué pretendes de mí? ¿Que infamo, impura,
abandone el altar, y que te siga
amante tierna, a mi deber perjura?
Mírame aquí a tus pies, aquí te imploro

en las aras de un Dios omnipotente.
Peligroso mortal, no más te goces
envenenando ufano mi existencia;
demasiado sufrí, déjame al menos
que triste muera aquí con mi inocencia.

MANRIQUE ¡Esto aguardaba yo! Cuando creía
que más que nunca enamorada y tierna
me esperabas ansiosa, ¡así te encuentro
sorda a mi ruego, a mis halagos fría!
Y ¿tiemblas, di, de abandonar las aras
donde tu puro afecto y tu hermosura
sacrificaste a Dios?.. ¡Pues qué!.. ¿No fueras
antes conmigo que con Dios perjura?
Si, en una noche..

LEONOR ¡Por piedad!

MANRIQUE ¿Te acuerdas?

En una noche plácida y tranquila..
Qué recuerdo, Leonor; nunca se aparta
de aquí, del corazón: la luna hería
con moribunda luz tu frente hermosa,
y de la noche el aura silenciosa
nuestros suspiros tiernos confundía.
«Nadie cual yo te amó», mil y mil veces
me dijiste falaz: «Nadie en el mundo
como yo puede amar»; y yo insensato
fiaba en tu promesa seductora,
y feliz y extasiado en tu hermosura
con mi esperanza allí me halló la aurora.
¡Quimérica esperanza! ¡Quién diría
que la que tanto amor así juraba,
juramento y amor olvidaría!

LEONOR Ten de mí compasión: si, por ti tiemblo,
por ti y por mi virtud, ¿no es harto triunfo?
Sí, yo te adoro aún; aquí en mi pecho
como un raudal de abrasadora llama
que mi vida consume, eternos viven

tus recuerdos de amor; aquí, y por siempre,
por siempre aquí estarán, que en vano quiero
bañada en lloro, ante el altar postrada,
mi pasión criminal lanzar del pecho.
No encones más mi endurecida llaga;
si aún amas a Leonor, huye te ruego,
libértame de ti.

MANRIQUE ¡Que huya me dices!..
¡Yo, que sé que me amas!..

LEONOR No, no creas..
No puedo amarte yo.. Si te lo he dicho,
si perjuro mi labio te engañaba,
¿lo pudiste creer?.. Yo lo decía,
pero mi corazón.. Te idolatraba.

MANRIQUE ¡Encanto celestial! Tanta ventura
puedo apenas creer.

LEONOR ¿Me compadeces?..

MANRIQUE Ese llanto, Leonor, no me lo ocultes;

deja que ansioso en mi delirio goce
un momento de amor: injusto he sido,
injusto para ti.. Vuelve tus ojos,
y mírame risueña y sin enojos.
¿Es verdad que en el mundo no hay delicia
para ti sin mi amor?

LEONOR ¿Lo dudas?

MANRIQUE Vamos..,
pronto huyamos de aquí.

LEONOR ¡Si ver pudieses
la lucha horrenda que mi pecho abriga!
¿Qué pretendes de mí? ¿Que infamo, impura,
abandone el altar, y que te siga
amante tierna, a mi deber perjura?
Mírame aquí a tus pies, aquí te imploro

> que del seno me arranques de la dicha;
> tus brazos son mi altar, seré tu esposa,
> y tu esclava seré; pronto, un momento,
> un momento pudiera descubrirnos,
> y te perdiera entonces.

MANRIQUE ¡Ángel mío!

LEONOR Huyamos, sí.. ¡No ves allí en el claustro
una sombra!.. ¡Gran Dios!

MANRIQUE No hay nadie, nadie..
Fantástica ilusión.

LEONOR Ven, no te alejes;
¡Tengo un miedo! No, no.. Te han visto..
Vete..
Pronto, vete por Dios.. Mira el abismo
bajo mis pies abierto: no pretendas
precipitarme en él.

MANRIQUE Leonor, respira,
respira por piedad: yo te prometo
respetar tu virtud y tu ternura.
No alienta. Sus sentidos trastornados..
Me abandonan sus brazos.. No, yo siento
su seno palpitar.. Leonor, ya es tiempo
de huir de esta mansión, pero conmigo
vendrás también. Mi amor, mis esperanzas,
tú para mí eres todo, ángel hermoso.
¿No me juraste amarme eternamente
por el Dios que gobierna el firmamento?
Ven a cumplirme, ven, tu juramento.

(Al quererla llevar en brazos hacia la puerta del fondo se abre ésta de par en par, y un soldado sale por ella manifestando grande agitación.)

SOLDADO ¡Pronto, señor!

MANRIQUE ¿Qué es eso?

SOLDADO ¡El enemigo!

(Vase.)

MANRIQUE ¡En qué momento!

LEONOR ¡Por piedad!

MANRIQUE ¡Alienta!

LEONOR ¿Dónde estoy?

MANRIQUE ¡En mis brazos!
 Aquí, contra mi seno,
 presa de amor en los estrechos lazos.

LEONOR ¡Horrible amor! ¡Horrible!.. Vete, deja,
 sálvate por piedad.. No oyes, no miras..

(Dirigiendo con ansiedad la vista hacia el fondo del teatro.)

MANRIQUE Pero ante el riesgo mi valor no ceja.
 (¡Mis gentes no vendrán, pese a mis iras!)

LEONOR ¡Ay! ¿No ves que te pierdes?

MANRIQUE ¿Qué me importa,
 si no te pierdo a ti?

LEONOR Mira a lo lejos
 armas..

MANRIQUE ¡Armas!

LEONOR ¡Sí, sí! La calle inundan
 de esas luces brillando a los reflejos.

MANRIQUE ¡Oh! ¡sí!.. Pero no temas: ¿a tu lado
 no estoy yo? Moriré por defenderte
 si así lo manda mi destino airado.

LEONOR ¿Y qué será de mí, si te dan muerte?
 ¡Huye! Sálvate.

MANRIQUE No.

LEONOR ¿Ves que se acercan?
 ¡Es el Conde!

MANRIQUE ¡Gran Dios! ¿Y he de perderte?

(Se oye tocar a rebato hasta el final de la jornada.)

LEONOR ¿Oyes?

MANRIQUE Sí; es la señal; en salvo estamos.

VOCES (Dentro.)
 ¡Traición!

(MANRIQUE desenvaina su espada.)

LEONOR ¡Oh! ¿Qué haces?

MANRIQUE ¡Si mi voz esperan!..
 ¡Mis valientes aquí!

(Aparecen DON NUÑO, DON LOPE y soldados con luces y por otra parte RUIZ, que con su gente se coloca al lado de MANRIQUE. Éste defenderá a LEONOR ocultándose entre los suyos y peleando con DON GUILLÉN y DON NUÑO.)

Escena XI

Dichos. DON NUÑO, DON GUILLÉN, DON LOPE, RUIZ, SOLDADOS.

NUÑO ¡Traidor! Te encuentro
 al fin.

LEONOR ¡Piedad, piedad!

NUÑO ¡Que todos mueran!

FIN DE LA JORNADA III

JORNADA IV

Una sala en la torre de Castellar con puertas laterales y al fondo.

Escena 1

LEONOR, RUIZ.

LEONOR ¿Qué nuevas?..

RUIZ De contento: la victoria
otra vez nuestro esfuerzo ha coronado.
El enemigo osado
que nuestros muros a sitiar venía,
hacia los montes va desbaratado,
a ocultar su vergüenza y cobardía.

LEONOR (¡Cuántas desdichas!)

RUIZ De la lid despojos,
rendidos al rigor de los aceros
hoy llegarán tal vez a nuestros muros
cuantos allí cayeron prisioneros.

LEONOR ¡Calla! Deja que ignore
males que lloro y que lamento en vano,
vencido o vencedor fuerza es que llore..

RUIZ Os comprendo. (¡Infeliz!)

LEONOR ¡Tengo un hermano!

RUIZ Es cierto: perdonad..

(Después de un momento de pausa.)

LEONOR   ¿Y don Manrique?

RUIZ   Aún reposando está.

(LEONOR hace una seña, y se retira RUIZ.)

LEONOR   Duerme tranquilo
mientras rugiendo atroz sobre tu frente
rueda la tempestad, mientras llorosa
tu amante criminal, tiembla azorada.
¡Cuál es mi suerte! ¡Oh Dios! ¿Por qué tus aras
ilusa abandoné? La paz dichosa
que allí bajo las bóvedas sombrías
feliz gozaba tu perjura esposa..
¿Esposa yo de Dios? No puedo serlo;
jamás, nunca lo fui.. tengo un amante
que me adora sin fin, y yo le adoro,
que no puedo olvidar solo un instante.
Ya con eternos vínculos el crimen
a su suerte me unió.. Nudo funesto,
nudo de maldición que allá en su trono
enojado maldice un Dios terrible.

Escena II

LEONOR, MANRIQUE.

LEONOR   ¿Manrique, eres tú?

MANRIQUE   Sí, Leonor querida.

LEONOR   ¿Qué tienes?

MANRIQUE   Yo no sé..

LEONOR   ¿Por qué temblando
tu mano está? ¿Qué sientes?

MANRIQUE   Nada; nada.

LEONOR   En vano me lo ocultas.

MANRIQUE   Nada siento.
Estoy bueno.. ¿Qué dices? ¿Que temblaba
mi mano?.. No.. Ilusión, nunca he temblado.
¿Ves como estoy tranquilo?

LEONOR   De otra suerte
me mirabas ayer.. Tu calma fría
es la horrorosa calma de la muerte.
¿Pero qué causa, dime, tus pesares?

MANRIQUE   ¿Quieres que te lo diga?

LEONOR   Sí, lo quiero.

MANRIQUE   Ningún temor real, nada que pueda
hacerte a ti infeliz ni entristecerte,
causa mi turbación.. Mi madre un día
me contó cierta historia, triste, horrible,
que no puedes saber, y desde entonces
como un espectro me persigue eterna
una imagen atroz. No lo creyeras,
y a contártelo yo te estremecieras.

LEONOR   Pero..

MANRIQUE   No temas, no; tan sólo ha sido
un sueño, una ilusión, pero horrorosa..
Un sudor frío aún por mi frente corre.
Soñaba yo que en silenciosa noche
cerca de la laguna que el pie besa
del alto Castellar contigo estaba.
Todo en calma yacía; algún gemido
melancólico y triste
sólo llegaba lúgubre a mi oído.
Trémulo como el viento en la laguna
triste brillaba el resplandor siniestro
de amarillenta luna.
Sentado allí a su orilla y a tu lado
pulsaba yo el laúd, y en dulce trova
tu belleza y mi amor tierno cantaba,
y en triste melodía

el viento que en las aguas murmuraba
mi canto y tus suspiros repetía.
Mas súbito, azaroso, de las aguas
entre el turbio vapor, cruzó luciente
relámpago de luz que hirió un instante
con brillo melancólico tu frente.
Yo vi un espectro que en la opuesta orilla
como ilusión fantástica vagaba
con paso misterioso,
y un quejido lanzando lastimoso
que el nocturno silencio interrumpía,
ya triste nos miraba,
ya con rostro infernal se sonreía.
De pronto el huracán cien y cien truenos
retemblando sacude,
y mil rayos cruzaron,
y el suelo y las montañas
a su estampido horrísono temblaron.
Y envuelta en humo la feroz fantasma
huyó; los brazos hacia mí tendiendo.
¡Véngame!, dijo; y se lanzó a las nubes.
¡Véngame! por los aires repitiendo.
Frío con el pavor tendí mis brazos
adonde estabas tú.. Tú ya no estabas,
y sólo hallé a mi lado
un esqueleto, y al tocarle osado
en polvo se deshizo, que violento
llevóse al punto retronando el viento.
Yo desperté azorado; mi cabeza
hecha estaba un volcán, turbios mis ojos,
mas logro verte al fin, tierna, apacible,
y tu sonrisa calma mis enojos.

LEONOR ¿Y un sueño solamente
te atemoriza así?

MANRIQUE   No, ya no tiemblo,
ya todo lo olvidé.. Mira, esta noche
partiremos al fin de este castillo..
No quiero estar aquí.

LEONOR   Temes acaso..

MANRIQUE   Tiemblo perderte: numerosa hueste
del rey usurpador viene a sitiarnos,
y este castillo es débil con extremo;
nada temo por mí, mas por ti temo.

Escena III

Dichos, RUIZ que sale por el fondo.

RUIZ   ¿Señor?

MANRIQUE   ¿Quién?

RUIZ   A Castellar
en este momento llegan
prisioneros, y me ruegan
que os venga en su nombre a hablar.

MANRIQUE   ¡Prisioneros! Y ¿de dónde?..

RUIZ   Abandonó la fortuna
ayer, al conde de Luna.

MANRIQUE   ¡Cómo! ¡Derrotado el conde!
¿Y no prisionero?

RUIZ   No.

MANRIQUE   ¡Agradézcalo a su suerte!

LEONOR   ¡Manrique! (En tono de reconvención.)

MANRIQUE   Él quiere mi muerte..
y la suya quiero yo.

LEONOR   ¡No! ¡Calla!

RUIZ   Pagar es ley.

MANRIQUE   Y ¿a quién se debe la gloria?..

RUIZ   El rey ganó esta victoria.

MANRIQUE ¡Ése es digno de ser rey!

RUIZ Al entrar en el castillo
un prisionero que viene
con el rostro oculto, y tiene
las insignias de caudillo,
dijo que hablaros quería.

MANRIQUE ¿Quién puede ser!

RUIZ (Aparte los dos.)
   (¿Sabéis quién?)

MANRIQUE (¿Le conoces?)

RUIZ   (Don Guillén.)

MANRIQUE (¿No te engañas?)

RUIZ   (No, a fe mía,
le he visto.)

MANRIQUE   ¡Leonor, atiende!

LEONOR Te dejo, sí.

MANRIQUE   Un desgraciado
que ahora gime aprisionado
y hablarme a solas pretende..

LEONOR No me digas más: te dejo.
Manrique: tus iras doma,
oye a ese infeliz, y toma
de tu corazón consejo.

   (Vase por la izquierda.)

MANRIQUE Ya le abona tu piedad
y mi cariño también.
Haz que venga don Guillén.

RUIZ Cerca estaba.

(Se dirige a la puerta del fondo: un momento después sale
conduciendo a DON GUILLÉN, y se retira.)

Escena IV

MANRIQUE, DON GUILLÉN.

GUILLÉN   ¡Perdonad!

MANRIQUE   ¿Vos aquí?

GUILLÉN   Sí, que la suerte,
robándome una esperanza,
donde busqué mi venganza,
me precipitó a la muerte.

MANRIQUE   Teméis no hallar en mi pecho
compasión..

GUILLÉN   Nada me obliga.
Al odio que aquí se abriga
mi corazón viene estrecho.
¡Piedad de vos! ¡Compasión
del que manchó la pureza
de mi honor, de mi nobleza!
Eterna abominación.

MANRIQUE   Si en vuestro pecho no grita
esta voz dulce y clemente:
si es tal vuestro enojo ardiente
que mi clemencia os irrita;
¿a qué venís, don Guillén?

GUILLÉN   Es que a buscar aquí vengo
mi muerte.

MANRIQUE   ¡No!

GUILLÉN   Es porque tengo
afán de hablaros también.
¿No os aterra mi presencia,
Manrique? ¿No os dice nada,

    ni el fuego de esa mirada
    ni vuestra propia conciencia?

MANRIQUE Aplaudo ese noble arrojo.
    Hijo es del odio: ¿qué mucho?..
    Mas ya lo veis: yo os escucho
    sin prevención, sin enojo.

GUILLÉN Prefiero vuestro rencor.

MANRIQUE ¿Y si salvaros quisiera?

GUILLÉN ¿Deberos la vida? Fuera
    mi desventura mayor.
    La muerte dadme, u os juro
    por el odio que arde aquí,
    que no os valdrán contra mí
    falanges ni fuerte muro.
    No habrá medio ni camino
    vedado para mi saña.

MANRIQUE ¡No! ¡Vuestro ardor os engaña!
    Ya es este nuestro destino.
    Don Guillén.. Con pena doble
    en este instante me veis;
    pero olvidar no podéis
    que sois bueno y que sois noble.
    ¿A qué ese mentido alarde
    que en vos sospechar no puedo?

GUILLÉN ¡Qué bien se revela el miedo

    en el alma del cobarde!

MANRIQUE (Exaltándose y volviendo repentinamente a calmarse.)
    ¡Yo miedo! ¡Cobarde yo!
    Preguntádselo a la gloria
    que ya en más de una victoria
    con sus palmas me cubrió.

GUILLÉN Tal vez la necia fortuna
    con su favor nos impele;

           mas también descubrir suele
           liviandades de la cuna.

MANRIQUE   ¡Silencio! (Irritado.)

GUILLÉN   (Sonriéndose con aire de triunfo.)
                       ¡Toqué en la herida!

MANRIQUE   ¡Basta ya! Basta de mengua..
           u os haré arrancar la lengua,
           ya que no quiera la vida.

Escena V

    Dichos, LEONOR.

LEONOR ¡Manrique!

MANRIQUE   ¡Tú aquí!

GUILLÉN   ¡Villana!

MANRIQUE   ¡Don Guillén! ¡Silencio os digo!

GUILLÉN ¡No, no! Llegó ya el castigo
           de vuestra pasión liviana.

LEONOR ¡Mi hermano aquí!

GUILLÉN   ¡Sí, yo soy!
           ¡Te espantas! ¡Oh! ¡Temes bien!
           Escúchame.

MANRIQUE   ¡Don Guillén!..

LEONOR   Habla: resignada estoy.

MANRIQUE   (No sé qué temor)..

LEONOR   Ya espero.

GUILLÉN   Al dar tu cariño a ese hombre,
           pensaste que era su nombre
           el nombre de un caballero.

Pues bien, Leonor, te engañó.
Es hijo de una gitana..

MANRIQUE (¡Cielos!)

GUILLÉN Y mi noble hermana
noble también le creyó.

LEONOR ¡Ay! ¡Calla! (Ocultando el rostro con las manos.)

MANRIQUE ¡Implacable encono!

GUILLÉN Ahora, que estoy ya vengado,
herid.

MANRIQUE Me habéis desgarrado
el corazón.. y os perdono.
Salid.

GUILLÉN No, sin que me deba
vuestra piedad un aviso.

MANRIQUE ¡No os quiero oír!

GUILLÉN Es preciso;
que os interesa esta nueva.
Presa vuestra madre..

MANRIQUE ¡Oh Dios!
¿es cierto?

GUILLÉN De su hijo implora
vida y libertad. Ahora,
haced lo que os cumpla a vos.

MANRIQUE ¡Ruiz!

Escena VI

Dichos. RUIZ.

RUIZ ¿Señor?

MANRIQUE   Haz que al momento
           para marchar se preparen
           mis gentes.

LEONOR   ¿Qué vas hacer?

MANRIQUE   (A DON GUILLÉN.)
            ¡Y vos, salid al instante!
            ¡En el campo nos veremos,

            don Guillén! ¿Oyes? Que nadie (A RUIZ.)
            le ofenda: que libre salga,
            y después.. ¡que Dios le ampare!

GUILLÉN Vida y libertad os debo,

         Manrique; pero aun no valen,
         ni la humillación que hoy sufro,
         ni el honor que me robasteis.

MANRIQUE   Nada me debéis: la muerte
            de uno u otro..

GUILLÉN   A todo trance.

LEONOR Oh, ¡Dios mío! ¡Qué mayor
        castigo, pudieras darme!

GUILLÉN Adiós, pues.

LEONOR   ¡Guillén, espera!

GUILLÉN Apartad.

LEONOR   No me rechaces.

GUILLÉN Yo no tengo hermana.

LEONOR   ¡Cielos!

GUILLÉN Yo no os conozco: dejadme.

            (Vase seguido de RUIZ.)

Escena VII

MANRIQUE, LEONOR.

LEONOR ¡Era verdad!

MANRIQUE ¡Sí, Leonor,
sí! ¡Bien puedes despreciarme!
¡Ya era tiempo! Esa gitana,
esa infeliz.. es mi madre.

LEONOR ¡Tu madre!

MANRIQUE Llora si quieres,
maldíceme porque infame
uní tu orgullosa cuna
con mi cuna miserable.
Pero déjame que vaya
a salvarla si no es tarde;
si ha muerto, la vengaré
de su asesino cobarde.

LEONOR ¡Esto me faltaba!..

MANRIQUE Sí,
yo no he debido engañarte
tanto tiempo.. Vete, vete:
soy un hombre despreciable.

LEONOR Nunca para mí.

MANRIQUE Eres noble,
y yo, ¿quién soy? Ya lo sabes.
Vete a encerrar con tu orgullo
bajo el techo de tus padres.

LEONOR ¡Con mi orgullo! Tú te gozas,
cruel, en atormentarme.
Ten piedad..

MANRIQUE Pero soy libre
y fuerte para vengarme..
Y me vengaré.. ¿lo dudas?

LEONOR Si necesitas mi sangre,
aquí la tienes.

MANRIQUE   ¡Leonor!
¡Qué desgraciada en amarme
has sido! ¿Por qué, infeliz,
mis amores escuchaste?
Y ¿no me aborreces?

LEONOR   No.

MANRIQUE   ¿Sabes que presa mi madre
espera tal vez la muerte?
¡Venganza infame y cobarde!
¿Qué espero yo?..

LEONOR   Ven.. No vayas..
Mira, el corazón me late
y fatídico me anuncia
tu muerte.

MANRIQUE   ¡Llanto cobarde!
Por una madre morir,
Leonor, es muerte envidiable.
¿Quisieras tú que temblando
viera derramar su sangre,
o si salvarla pudiera,
por salvarla no lidiase?

LEONOR Pues bien, iré yo contigo;
allí correré a abrazarte
entre el horror y el estruendo
del fraticida combate.
Yo opondré mi pecho al hierro
que tu vida amenazare;
sí, y a falta de otro muro,
muro será mi cadáver.

MANRIQUE   Ahora te conozco, ahora
te quiero más.

LEONOR Si tú partes
iré contigo; la muerte
a tu lado ha de encontrarme.

MANRIQUE Venir tú.. No; en el castillo
queda custodia bastante
para ti.. ¿Escuchas? ¡Adiós!

(Suena un clarín.)

El clarín llama al combate.

LEONOR Un momento.

MANRIQUE No es posible.
¡Adiós! ¡Adiós, pobre mártir
de mi amor fatal! Que el cielo
de tus dolores se apiade,
y sólo a mí de su cólera
el tremendo rayo alcance.

LEONOR ¿Qué dices?

MANRIQUE ¡Voy a morir!
¡Bien auguraba tu amante
corazón! Ya aquí no siento
aquel valor indomable..

LEONOR Huyamos; mira..

MANRIQUE El destino
me arrastra: vencido el ángel
está, que ayer me cubría
con sus alas celestiales.

LEONOR ¡Por piedad; no me abandones!
¡Escúchame; espera!

MANRIQUE ¡Es tarde!

LEONOR La voz del amor te llama.

(Suena el clarín.)

MANRIQUE La de mi deber es antes.

(Desprendiéndose de ella, vase por el fondo.)

FIN DE LA JORNADA IV

JORNADA V

Primera parte

Salón en el Castillo de la Aljafería. Puerta en el fondo y a la izquierda del actor. A la derecha una ventana.

Escena I

LEONOR, DON LOPE, RUIZ, que salen por la puerta del fondo.

LOPE   Podéis entrar, pero temo
que en este momento el conde..

LEONOR   Quiero verle.

LOPE   Le veréis,
si no hay causa que lo estorbe.

LEONOR   ¡A todo trance, es preciso!

Está la vida de un hombre
en grave riesgo, y espero
que me ayudaréis, don Lope.

LOPE   ¿Me conocéis? En tal caso..

LEONOR   ¿Y quién, señor, no os conoce,

siendo, como sois, tan bueno,
y tan piadoso y tan noble?

LOPE   Tal vez el conde pudiera..
            si dijeseis vuestro nombre..

LEONOR   A él solo.

LOPE   Como gustéis.

LEONOR   ¿Están aquí las prisiones?

LOPE   Aquí. Desde esa ventana
            se ve, señora, la torre,
            donde entre cadenas gimen
            los que a su rey son traidores.

LEONOR   ¡Ah! ¡Gracias!
            (Dirigiéndose rápidamente a la ventana.)

LOPE   Voy a serviros.
            (Preciso es tener de bronce
            el corazón para.. Y temo
            que su esperanza no logre.)

            (Vase por la izquierda.)

Escena II

LEONOR, RUIZ.

LEONOR   Ruiz, trajiste..

RUIZ   Aquí está ya,
            señora; por un jarope
            que no vale seis cornados..

LEONOR   El precio nada te importe.
            Toma esta cadena, tú.

RUIZ   ¡Judío al fin!

LEONOR   No te enojes.

RUIZ   Diez maravedís de plata
            me llevó el Iscariote.

LEONOR   Vete, Ruiz.

RUIZ   ¿Os quedáis
sola aquí? No, que me ahorquen
primero..

LEONOR   Quiero estar sola.

RUIZ   Si os empeñáis.. Buenas noches.

Escena III

LEONOR.

LEONOR   Esa es la torre; allí está,
y maldiciendo su suerte
espera triste la muerte
que no está lejos quizá.
¡Esas murallas sombrías,
esas rejas y esas puertas
al féretro sólo abiertas,
verán tus últimos días!
¿Por qué tan ciega le amé?
¡Infeliz! ¿Por qué, Dios mío,
con amante desvarío
mi vida le consagré?
Mi amor te perdió, mi amor..
Yo mi cariño maldigo,
pero moriré contigo
con veneno abrasador.
¡Si me quisiera escuchar
el conde!.. Si yo lograra
librarte así, ¿qué importara?..
Sí, voy tu vida a salvar.
A salvarte.. No te asombre
si hoy olvido mi desdén.

VOZ   (Dentro.)
Hagan bien para hacer bien
por el alma de este hombre.

LEONOR Ese lúgubre clamor..
 ¿O tal vez lo escuché mal?
 No, no.. ¡Ya la hora fatal
 ha llegado Trovador!
 ¡Manrique! Partamos ya,
 no perdamos un instante.

VOZ (Dentro.)
 ¡Ay!

LEONOR Esa voz penetrante..
 ¡Si no fuera tiempo ya!

(Al querer partir se oye tocar un laúd: un momento después canta dentro MANRIQUE.)

VOZ [de MANRIQUE] Despacio viene la muerte,
 que está sorda a mi clamor:
 para quien morir desea,
 despacio viene por Dios.
  ¡Ay! Adiós, Leonor,
   Leonor.

LEONOR Él es; ¡y desea morir
 cuando su vida es mi vida!
 ¡Si así me viera afligida
 por él al cielo pedir!

VOZ [de MANRIQUE] (Dentro.)
 No llores si a saber llegas
 que me matan por traidor,
 que el amarte es mi delito,
 y en el amar no hay baldón.
  ¡Ay! Adiós, Leonor,
   Leonor.

LEONOR ¡Que no llore yo, cruel!
 No sabe cuánto le quiero.
 ¡Que no llore, cuando muero
 en mi juventud por él!
 Si a esa reja te asomaras

        y a Leonor vieras aquí,
        tuvieras piedad de mí
        y de mi amor no dudaras.
        Aquí te buscan mis ojos
        a la luz de las estrellas,
        y oigo a par de tus querellas
        el rumor de los cerrojos.
        Y oigo en tu labio mi nombre
        con mil suspiros también.

VOZ   (Dentro.)
        Hagan bien para hacer bien
        por el alma de este hombre.

LEONOR   ¡No! No morirás; ¡yo haré
        por salvarte! Del tirano
        feroz, la sangrienta mano
        con mi llanto bañaré.
        ¿Temes? Leonor te responde
        de su cariño y virtud.
        Calma tu amante inquietud..,
        que nunca seré del conde.

Escena IV

LEONOR, DON LOPE.

LOPE   ¿Señora?

LEONOR   ¡Decid! ¿Consiente
        en verme?

LOPE   Ni aun yo he podido
        hablarle.

LEONOR   ¡No habéis querido!

LOPE   ¡Cómo! Un hidalgo no miente.
        Mas, lo juro por mi fe:
        veréis a don Nuño.

LEONOR   ¿Cuándo?

LOPE	Está en su cámara hablando con don Guillén de Sesé.
LEONOR	¡Don Guillén! ¿Dónde está, dónde?
LOPE	¿Le conocéis?
LEONOR	Sí. (¡Qué escucho!)
LOPE	Sois dichosa: él puede mucho en el ánimo del conde. ¿Queréis hablarle?
LEONOR	¡No, no! Primero.. (El cielo me valga.)
LOPE	Esperad hasta que salga.
LEONOR	(¿Quién más desventuras vio?)
LOPE	Mirad: ahí vienen. Podéis afuera esperar en tanto; y escudada con el manto..
LEONOR	¡Venid, venid! No tardéis.

(Vanse por el fondo: después salen por la izquierda DON NUÑO y DON GUILLÉN.)

Escena V

DON NUÑO, DON GUILLÉN.

NUÑO	¿Visteis, don Guillén, al reo?
GUILLÉN	Dispuesto a morir está.
NUÑO	Llegue ese momento ya: cúmplase al fin mi deseo.
GUILLÉN	Si mereciera piedad, tal vez..

NUÑO	¿Qué vais a decir?
	Para ayudarle a morir,
	a un religioso avisad,
	y despachaos con presteza.

GUILLÉN ¡El hijo de una gitana!

NUÑO Cierto; diligencia es vana.

GUILLÉN Mas ¿no dais cuenta a su alteza?

NUÑO ¿Para qué? Ocupado está
en la guerra de Valencia.

GUILLÉN Si no aprueba la sentencia..

NUÑO Yo sé que la aprobará.
Para aterrar la traición
puso en mi mano la ley:
mientras aquí no esté el rey,
yo soy el rey de Aragón.
Mas.. ¿vuestra hermana!

GUILLÉN Yo mismo
nada de su suerte sé;
pero encontrarla sabré
aunque la oculte el abismo.
Entonces su torpe amor
lavará con sangre impura.
Sólo así el honor se cura,
y es muy sagrado el honor.

NUÑO No; tanto rigor no es bien
emplear.

GUILLÉN Mi ilustre cuna.

NUÑO Si algo apreciáis al de Luna,
no la ofendáis, don Guillén.

GUILLÉN ¿Tenéis algo que mandar?

NUÑO Dejadme solo un instante.

Escena VI

DON NUÑO. Después DON LOPE.

NUÑO
Leonor, al fin en tu amante
tu desdén voy a vengar.
Al fin en su sangre impura
a saciar voy mi rencor;
también yo puedo, Leonor,
gozarme en tu desventura.
Fatal tu hermosura ha sido
para mí, pero fatal
también será a mi rival,
a ese rival tan querido.
Tú lo quisiste; por él
mi ternura despreciaste..
¿Por qué, Leonor, no me amaste?
Ya no fuera tan cruel.
Ángel hermoso de amor,
yo como a un Dios te adoraba,
y tus caricias gozaba
un oscuro Trovador.
Harto la suerte envidié
de un rival afortunado;
harto tiempo despreciado
su ventura contemplé.
¡Ah! Perdonarle quisiera..
No soy tan perverso yo.
Pero es mi rival.. No, no..
Es necesario que muera.

LOPE
Vuestras órdenes, señor,
se han cumplido; el reo espera
su sentencia.

NUÑO
¡Y bien! Que muera,
pues a su rey fue traidor.
¿A qué aguardáis?

LOPE
Si así os plugo..

NUÑO ¿No fue perjuro a la ley
y rebelde con su rey?
Pues bien, ¿qué espera el verdugo?
Esta noche ha de morir.

LOPE ¿Esta noche? ¡Pobre mozo!

NUÑO Junto al mismo calabozo.

LOPE (Hace que se va y vuelve.)
Voy al instante. Es decir..

NUÑO La bruja..

LOPE   Con él está
en su misma prisión.

NUÑO   Bien.

LOPE ¿Pero ha de morir?

NUÑO   También.

LOPE ¿De qué muerte morirá?

NUÑO Como su madre, en la hoguera.

LOPE ¡Por último confesó
que a vuestro hermano mató!
Maldiga Dios la hechicera.

NUÑO Molesto, don Lope, estáis..
Idos ya.

LOPE   Si os incomodo..

NUÑO Quiero estar solo.

LOPE   Con todo..
(¡Mal templado está!)

NUÑO   ¿No os vais?

LOPE (Hace que se va y vuelve.)
Perdonad; se me olvidaba
con la maldita hechicera.

NUÑO   ¡Don Lope!

LOPE   Señor, ahí fuera
        una dama os aguardaba.

NUÑO   Y ¿qué objeto aquí la trae?
        ¿Dice quién es?

LOPE   Encubierta
        llegó, señor, a la puerta
        que al campo de Toro cae.

NUÑO   Que entre, pues; vos, despejad.

LOPE   El conde, señora, espera.

NUÑO   Vos os podéis quedar fuera,
        y hasta que os llame aguardad.

Escena VII

DON NUÑO, LEONOR.

LEONOR ¿Me conocéis? (Descubriéndose.)

NUÑO   ¡Desgraciada!
        ¿Qué buscáis, Leonor, aquí?

LEONOR ¿Me conocéis, conde?

NUÑO   Sí;
        por mi mal, desventurada,
        por mi mal te conocí.
        ¿A qué vinisteis, Leonor?

LEONOR ¿Conde, dudarlo queréis?

NUÑO   ¡Todavía el Trovador!..

LEONOR Sé que todo lo podéis,
        y que peligra mi amor.
        Duélaos, don Nuño, mi mal.

NUÑO   ¡A eso vinisteis, ingrata,
        a implorar por un rival!

                ¡Por un rival! ¡Insensata!
                Mal conoces al de Artal.
                No; cuando en mis manos veo
                la venganza apetecida,
                cuando su sangre deseo..
                Imposible..

LEONOR   No lo creo.

NUÑO   Sí, creedlo por mi vida.
         Largo tiempo también yo
         aborrecido imploré
         a quien mis ruegos no oyó,
         y de mi afán se burló;
         no penséis que lo olvidé.

LEONOR   ¡Ah! Conde, conde, piedad. (Arrodillándose.)

NUÑO   ¿Vos la tuvisteis de mí?

LEONOR   Por todo un Dios.

NUÑO   Apartad.

LEONOR   No, no me muevo de aquí.

NUÑO   Pronto, Leonor, acabad.

LEONOR   Bien sabéis cuánto le amé;
          mi pasión no se os esconde..

NUÑO   ¡Leonor!

LEONOR   ¿Qué he dicho? No sé,
          no sé lo que he dicho, conde;
          ¿queréis?.. Le aborreceré.
          ¡Aborrecerle! ¡Dios mío!
          Y aun amaros a vos, sí,
          amaros con desvarío
          os prometo.. ¡Amor impío,
          digno de vos y de mí!

NUÑO   Es tarde, es tarde, Leonor,
         ¿y yo perdonar pudiera

             a tu infame seductor,
             al hijo de una hechicera?

LEONOR   ¿No os apiada mi dolor?

NUÑO   ¡Apiadarme! Más y más

             me irrita, Leonor, tu lloro,
             que por él vertiendo estás;
             no lo negaré, aún te adoro,
             ¿mas perdonarle? Jamás.
             Esta noche, en el momento..
             Nada de piedad.

LEONOR   (Con ternura.)
                     ¡Cruel!
             ¡Cuando en amarte consiento!

NUÑO   ¿Qué me importa tu tormento,
             si es por él, sólo por él?

LEONOR   Por él, don Nuño, es verdad;

             por él con loca impiedad
             el altar he profanado.
             ¡Y yo, insensata, le he amado
             con tan ciega liviandad!

NUÑO   Un hombre oscuro..

LEONOR   Sí, sí,
             nunca mereció mi amor.

NUÑO   Un soldado, un Trovador..

LEONOR   Yo nunca os aborrecí.

NUÑO   ¿Qué quieres de mí, Leonor?
             ¿Por qué mi pasión enciendes,
             que ya entibiándose va?
             Di que engañarme pretendes,
             dime de que de un Dios dependes,
             y amarme no puedes ya.

LEONOR ¿Qué importa, conde? ¿No fui
 mil y mil veces perjura?
 ¿Qué importa, si ya vendí
 de un amante la ternura,
 que a Dios olvide por ti?

NUÑO ¿Me lo juras?

LEONOR   Partiremos
 lejos, lejos de Aragón,
 y felices viviremos,
 y siempre nos amaremos
 con acendrada pasión.

NUÑO ¡Leonor.. delicia inmortal!

LEONOR Y tú en premio a mi ternura..

NUÑO Cuanto quieras.

LEONOR   ¡Oh ventura!

NUÑO Corre, dile que el de Artal
 su libertad le asegura;
 pero que huya de Aragón;
 que no vuelva, ¡lo has oído!

LEONOR Sí, sí..

NUÑO   Dile que atrevido
 no persista en su traición;
 que tu amor ponga en olvido.

LEONOR Sí.. Lo diré.. (¡Dios eterno!
 tu nombre bendeciré.)

NUÑO Mirad, que os observaré.

LEONOR (Ya no me aterra el infierno,
 pues que su vida salvé.)

FIN DE LA PRIMERA PARTE

Segunda parte

Calabozo oscuro con una ventana con reja, a la izquierda, y una puerta en el lado opuesto. Otra puerta grande al fondo. Al levantarse el telón, AZUCENA estará recostada en un escaño, y MANRIQUE sentado en el lado opuesto.

Escena 1

MANRIQUE, AZUCENA.

MANRIQUE ¿No dormís? (Acercándose a AZUCENA.)

AZUCENA ¡No, hijo mío!
Quisiera; mas no puedo: de mis ojos
huye el sueño.

MANRIQUE ¡Tembláis!

AZUCENA ¿Qué?

MANRIQUE ¿Tenéis frío?

AZUCENA No; pero di: ¿quién causa tus enojos?
¡Suspirabas! ¿Por qué? Si son tus penas
con ser tuyas no más, las penas mías;
¿por qué en silencio tu dolor refrenas
y esa angustia mortal no me confías?
¿No soy tu madre yo?

MANRIQUE De este profundo
pesar, ya nada a libertarme alcanza.

AZUCENA ¡Espera!

MANRIQUE Inútil es; no hay en el mundo
ya para mí consuelo ni esperanza.

AZUCENA ¡Te comprendo! Es verdad, ya no es posible
huir de aquí; mas si a matarme vienen,
tú me defenderás.

MANRIQUE (¡Tormento horrible!)

AZUCENA Es tu deber, Manrique; ¡eres mi hijo!
　　　　　Tú consentir no puedes..
　　　　　¡Mas ¡ay! que en vano y sin razón te aflijo!
　　　　　Nunca hará tu valor, ya aprisionado
　　　　　entre fuertes paredes,
　　　　　que llegue el sol hasta mi cuerpo helado.
　　　　　Y vendrán, no lo dudes:
　　　　　¡me quitaran sin compasión la vida!

MANRIQUE　　¡Mataros! ¿Y por qué?

AZUCENA　　　Ya ésta es mi suerte.

MANRIQUE　　¡Por vengarse de mí! ¡Madre querida!
　　　　　　¡Y yo la causa soy de vuestra muerte!

AZUCENA ¡Calla! Ven.. ¡Ruido siento!

MANRIQUE　　¡No!.. Nadie.

AZUCENA　　　¡Tiemblo toda!.. ¡Oh! Si me amas,
　　　　　　¡mátame! ¡Líbrame de ese tormento
　　　　　　horrible de las llamas!

MANRIQUE　　Mas, no tendrán valor..

AZUCENA　　　¿No lo tuvieron
　　　　　cuando a mi pobre madre condenaron,
　　　　　y arrastrando al cadalso la trajeron,
　　　　　y sin piedad la vida le quitaron?
　　　　　¡Debe de ser horrible ese suplicio!
　　　　　¡Oh! ¡La hoguera! ¡La hoguera! A cada instante
　　　　　viéndola estoy allí, siempre delante,
　　　　　y me miro llevar, y en vano ruego,
　　　　　y víctima arrastrada al sacrificio,
　　　　　siento en mis carnes penetrar el fuego.

　　　　　　　　(Pausa.)

　　　　　Siempre en mi corazón está presente
　　　　　ese recuerdo del infausto día
　　　　　en que sufrió la muerte, la inocente,

la tierna madre mía.
El traje desgarrado,
ocultas las facciones
bajo el largo cabello enmarañado,
al lugar del suplicio caminaba
entre la turba vil de los sayones.
Yo, postrada en el suelo,
mi rostro desgarraba
sangre y venganza demandando al cielo.
Escuché que mi madre me llamaba
y a abrazarla corrí; pero la fiera
impiedad, me atajó, de sus verdugos,
y fue arrojada en la fatal hoguera.
Aquel grito feroz, desesperado
que la arrancó el dolor, ¡ay!, todavía
aquí en mi corazón, está encerrado.
¡Cuánta su horrible intensidad sería!

MANRIQUE ¡Callad, por Dios! ¡Me atormentáis!

AZUCENA ¡Escucha!
Entonces, los verdugos implacables,
al ver su presa con la muerte en lucha,
su triunfo celebraban
y con risa feroz la contemplaban.
¿Sabes por qué? Flotaban sus cabellos;
las llamas, devorándola, subían
hasta cebarse en ellos..
¡Y de esto los verdugos se reían!

MANRIQUE ¿No podéis olvidar esas memorias?
Descansad un momento.

AZUCENA ¡No, imposible!
Si descansar pudiera..
¡Mas si en tanto me llevan a ese horrible
espantoso suplicio de la hoguera!

MANRIQUE ¡No, madre! No vendrán.

AZUCENA ¿Si me lo ofreces..?

MANRIQUE Sí, podéis reposar.

AZUCENA Me abate el sueño;
siento el cansancio que me postra a veces;
mas de esa imagen el airado ceño..
Y ¿por qué? ¡Sí, que vengan!

MANRIQUE (¡Qué martirio!)

AZUCENA Vendrán y quebrantando esos cerrojos,
la luz del sol contemplarán tus ojos.
¿Cómo puedo olvidarlo en mi delirio?
Este día feliz, será el postrero..
¿Pero se sabe aquí cuándo es de día?
¡No importa! A cualquier hora: sí, yo quiero
respirar. ¡Ay, me ahogo!

MANRIQUE ¡Madre mía!

AZUCENA Saldremos, sí; no tiembles; en mi mano
están tu vida y libertad; las puertas
de esta cárcel tristísima, al liviano
impulso de mi voz, serán abiertas.

MANRIQUE (¡Delira!)

AZUCENA ¿Por qué labra
tu abatimiento en mí? ¿Por qué no el gozo,
si una sola palabra
puede abrir nuestro oscuro calabozo?

MANRIQUE Bien, bien: pero dormid.

AZUCENA Si el conde llega,
tú me despertarás: ten esperanza.
(¡Ay! ¡Pobre madre, que su amor me ciega!
Perdona si renuncio a tu venganza.)

(Recostándose.)

MANRIQUE ¡Duerme, duerme, madre mía,
mientras yo te guardo el sueño,
y un hado más halagüeño

durmiendo, allá te sonría!
Al menos, ¡ay!, mientras dura
tu sueño, no acongojado
veré tu rostro bañado
con lágrimas de amargura.

Escena II

MANRIQUE, LEONOR, AZUCENA.

LEONOR ¡Manrique!

MANRIQUE ¡No es ilusión!
¿Eres tú?

LEONOR Yo, sí.. yo soy;
a tu lado al fin estoy,
para calmar tu aflicción.

MANRIQUE Si tú sola mi delirio
puedes, hermosa, calmar;
ven, Leonor, a consolar
amorosa mi martirio.

LEONOR No pierdas tiempo, por Dios.

MANRIQUE Siéntate a mi lado, ven.
¿Debes tú morir también?
Muramos juntos los dos.

LEONOR No, que en libertad estás.

MANRIQUE ¿En libertad?

LEONOR Sí, ya el conde..

MANRIQUE ¿Don Nuño, Leonor? Responde,
responde.. ¡Cielo! ¡Esto más!
¡Tú a implorar por mi perdón
del tirano a los pies fuiste!..
Quizá también le vendiste
mi amor y tu corazón.

                No quiero la libertad
                a tanta costa comprada.

LEONOR   Tu vida..

MANRIQUE   ¿Qué importa? Nada..
                quítamela, por piedad;
                clava en mi pecho un puñal
                antes que verte perjura,
                llena de amor y ternura
                en los brazos de un rival.
                ¡La vida! ¿Es algo la vida?
                Un doble martirio, un yugo..
                Llama, que venga el verdugo
                con el hacha enrojecida.

LEONOR   ¿Qué debí hacer? Si supieras
                lo que he sufrido por ti
                no me insultaras así,
                y a más me compadecieras.
                Pero, huye, vete, por Dios,
                y bástete ya saber
                que suya no puedo ser.

MANRIQUE   Pues bien, partamos los dos,
                mi madre también vendrá.

LEONOR   Tú solamente.

MANRIQUE   No, no.

LEONOR   Pronto, vete.

MANRIQUE   ¡Sólo yo!

LEONOR   Que nos observan quizá.

MANRIQUE   ¿Qué importa? ¡Aquí moriré,
                moriremos, madre mía!
                Tú sola no fuiste impía
                de un hijo tierno a la fe.

LEONOR   ¡Manrique!

MANRIQUE Ya no hay amor
en el mundo, no hay virtud.

LEONOR ¿Qué te dice mi inquietud?

MANRIQUE Tarde conocí mi error..

LEONOR ¡Si vieras cuál se estremece
mi corazón! ¿Por qué, di,
obstinarte? Hazlo por mí,
por lo que tu amor padece.
Sí, este momento quizá..
¿No ves cuál tiemblo? Quisiera
ocultarlo si pudiera;
pero no, no es tiempo ya.
Bien sé que voy tu aflicción
a aumentar; pero ya es hora
de que sepas cuál te adora
la que acusas sin razón.
Aborréceme, es mi suerte;
maldíceme si te agrada,
mas toca mi frente helada
con el hielo de la muerte.
Tócala, y si hay en tu seno
un resto de compasión,
alivia mi corazón,
que abrasa un voraz veneno.

MANRIQUE Un veneno.. ¿y es verdad?
Y yo ingrato la ofendí
cuando muriendo por mí..
un veneno..

LEONOR Por piedad,
ven aquí por compasión
a consolar mi agonía.
¿No sabes que te quería
con todo mi corazón?

MANRIQUE Me matas.

LEONOR Manrique; aquí,
 aquí me siento abrasar.
 ¡Ay!, ¡ay! Quisiera llorar,
 y no hay lágrimas en mí.
 ¡Ay juventud malograda
 por tiranos perseguida!
 ¡Perder tan pronto una vida
 para amarte consagrada!

 (Se ve brillar un momento el resplandor
  de una luz en la ventana.)

 Mira, Manrique, esa luz..
 Vienen a buscarte ya;
 ¡no te apartes, ven acá,
 por el que murió en la cruz!

MANRIQUE Que vengan.. ya entregaré
 mi cuello sin resistir;
 lo quiero, anhelo morir..
 Muy pronto te seguiré.

LEONOR ¡Ay! acércate..

MANRIQUE ¡Amor mío!..

LEONOR Me muero, me muero ya
 sin remedio; ¿dónde está
 tu mano?

MANRIQUE ¡Qué horrible frío!

LEONOR Para siempre.. ya..

MANRIQUE ¡Leonor!

LEONOR ¡Adiós!.. ¡adi.. ós!

 (Expira. Momento de pausa.)

MANRIQUE ¡La he perdido!
 ¡Ese lúgubre gemido!..

              es el último de amor.
              Silencio, silencio; ya
              viene el verdugo por mí..
              Allí está el cadalso, allí,
              y Leonor aquí está.
              Corta es la distancia, vamos,
              que ya el suplicio me espera.
              (Tropieza con AZUCENA.)
              ¿Quién estaba aquí? ¿Quién era?

AZUCENA (Entre sueños.)
              ¿Es hora de que partamos?

MANRIQUE   ¿A morir? Dispuesto estoy..
              Mas no, esperad un instante;
              a contemplar su semblante,
              a adorarla otra vez voy.
              Aquí está.. dadme el laúd;
              en trova triste y llorosa,
              en endecha lastimosa
              os cantaré su virtud.
              Una corona de flores
              dadme también; en su frente
              será aureola luciente,
              será diadema de amores.
              Dadme, veréisla brillar
              en su frente hermosa y pura;
              mas llorad su desventura
              como a mí me veis llorar.
              ¡Qué funesto resplandor!
              ¿Tan pronto vienen por mí?
              El verdugo es aquél.. sí;
              tiene el rostro de traidor.

Escena III

Dichos. DON NUÑO, DON LOPE. Soldados con luces.

NUÑO   ¿Leonor?

MANRIQUE ¿Quién la llama? ¿Por qué vienen
a apartarla de mí? La desdichada
ya a nadie puede amar. Si yo pudiera
ocultarla a sus ojos.

(La cubre con su ferreruelo, que tendrá al lado.)

NUÑO ¿Leonor?

MANRIQUE Calla..
No turbes el silencio de la muerte.

NUÑO ¿Dónde está Leonor?

MANRIQUE ¿Dónde? Aquí estaba.
¿Venís a arrebatármela en la tumba?

NUÑO ¿Ha muerto?

MANRIQUE Sí.. ya ha muerto.

(Descubriendo el rostro pálido de LEONOR.)

NUÑO ¡Me engañaba!

MANRIQUE Ya no palpita el corazón; sus ojos
ha cerrado la muerte despiadada.
Apartad esas luces; mi amargura
piadosos respetad.. no me acordaba..
(A DON NUÑO.)
Sí, ¡tú eres el verdugo! Acaso buscas
una víctima.. ven.. ya preparada
para la muerte está.

NUÑO Llevadle al punto,
llevadle, digo, y su cabeza caiga.

(Varios soldados rodean a MANRIQUE.)

MANRIQUE Muy pronto, sí..

NUÑO Marchad..

MANRIQUE (Reparando en AZUCENA.)
                ¡Qué miro! Vamos..
        No le digas, por Dios, a la cuitada
        que va su hijo a morir.. ¡Madre infelice!
        Hasta la tumba.. Adiós.. (Al salir.)

Escena IV

Los mismos menos MANRIQUE.

AZUCENA (Incorporándose.)
                ¿Quién me llamaba?
        Él era, él era; ¡ingrato! Se ha marchado
        sin llevarme también.

NUÑO   ¡Desventurada!
        Conoce al fin tu suerte.

AZUCENA   ¡El hijo mío!

NUÑO   Ven a verle morir.

AZUCENA   ¿Qué dices? ¡Calla!
        ¡Morir! ¡morir!.. No, madre, ya no puedo;
        perdóname, le quiero con el alma.
        Esperad, esperad..

NUÑO   Llevadla.

AZUCENA   ¡Conde!

NUÑO   Que le mire expirar.

AZUCENA   Una palabra,
        un secreto terrible; haz que suspendan
        el suplicio un momento.

NUÑO   No, llevadla.

(La toma por una mano y la arrastra hacia la ventana.)

> Ven, mujer infernal.. goza en tu triunfo.
> Mira el verdugo, y en su mano el hacha
> que va pronto a caer..

(Se oye un golpe que figura ser el de la cuchillada.)

AZUCENA   ¡Ay! ¡esa sangre!

NUÑO   Alumbrad a la víctima, alumbradla.

AZUCENA ¡Sí, sí.. luces.. él es.. tu hermano, imbécil!

NUÑO   ¡Mi hermano, maldición!..

(La arroja al suelo, empujándola con furor.)

AZUCENA (Con amargura.)
> Ya estás vengada.

FIN DEL DRAMA

BIBLIOBAZAAR

The essential book market!

Did you know that you can get any of our titles in large print?

Did you know that we have an ever-growing collection of books in many languages?

Order online:
www.bibliobazaar.com

Find all of your favorite classic books!

Stay up to date with the latest government reports!

At BiblioBazaar, we aim to make knowledge more accessible by making thousands of titles available to you- *quickly and affordably*.

Contact us:
BiblioBazaar
PO Box 21206
Charleston, SC 29413